KB188700

추천의 글

"존 클레이닉은 하나님의 말씀이 우리의 삶에서 실제가 되는 것이 우리에게 달려있지 않으며, 그 정도로 수동적이거나 무기력하지 않다는 것을 잘 알고 있다. 예수님은 복음을 전파하시면서 자기 자신과 더불어 구원과 생명, 영적인 양분과 치유, 능력을 주시는 일을 하신다. 우리가 이 사실을 잊고 있었다면, 저자는 그리스도의 말씀이 우리의 마음속에 들어와 겉과 속을 변화시킬 때, 우리 마음에 어떠한 일이 일어나는지 다시 일깨워 준다. 그의 책은 성경의 역할에 대한 핵심을 잘 담아냄과 동시에, 성경을 적절히 풀이하고 전달하는 방식으로 많은 성경 본문을 다루기 때문에, 귀를 열고 이 책을 읽는다는 것 자체가 이미 성경이 말하는 것을 경험하는 것이다."

필립 캐리^{Phillip Cary}
이스턴대학교 철학과 교수, 『걱정 많은 그리스도인들을 위한 복음』 저자

"우리는 하나님의 말씀이 예리하고 활력이 있으며, 살아 있다는 사실을 잊고 먼지 쌓인 성경책을 믿는 그리스도인이 되기 쉽다. 이 책에서 존 클레이닉은 성경이 매일 신자들을 치유하고, 위로하고, 활력을 주며, 확신을 주는 힘을 가지고 있음을 명쾌하고 설득력 있게 설명한다. 이 책은 모든 그리스도인에게 성경을 총체적으로 이해하도록 돕는 훌륭한 입문서이다."

레이첼 웰처^{Rachel Welcher}
『순결 문화를 다시 말하다』 저자

"이 책은 예수님께서 말씀을 통해 베푸시는 풍성한 잔치 자리로 우리를 초대한다. 이 책은 하나님의 선하심을 맛보아 알게 하며, 우리의 귀를 즐겁게 해 줄 것이다."

타일러 위트먼Tyler Wittman
뉴올리언스침례신학교 신학과 조교수, 『성경적 추론』 공동 저자

"이 책은 단순히 성경을 읽는 방법에 관한 책이 아니다. 이 책은 풍성한 하나님 말씀이 주는 기쁨을 맛보는 잔치 자리로 초대하는 책이다. 어려운 성경 본문을 분석하는데 그치지 않고, 성령님께서 베풀어 주시는 풍성한 영적 만찬을 여러분이 직접 먹고 마실 수 있도록 한다. 성경에 대한 존 클레이닉의 이 가이드북은 모든 구절마다 성경 말씀으로 가득 차 있다. 베드로가 그랬던 것처럼, 여러분도 예수님의 입에서 흘러나오는 영생의 말씀에 귀가 열리고 마음으로 믿어지는 놀라움을 경험하게 될 것이다."

해롤드 센크베일Harold Senkbeil
『영혼의 돌봄』 저자

하나님의 말씀

◇◆◇

크리스천 에센셜 시리즈
CHRISTIAN ESSENTIALS Series

◆◇◆

.
.
.

하나님의 말씀

성경, 거룩한 말씀으로 인도하는 가이드

크리스천 에센셜 시리즈 5

존 클레이닉 지음
김용균 옮김

솔라
피데
SolaFide

하나님의 말씀 성경, 거룩한 말씀으로 인도하는 가이드

크리스천 에센셜 시리즈 5

초판 1쇄 인쇄 : 2025년 1월 5일
초판 1쇄 발행 : 2025년 1월 20일

지은이 존 클레이닉 / 옮긴이 김용균
펴낸이 이원우 / 펴낸곳 솔라피데출판사
기획·편집 이상영
주소 : (10881) 경기도 파주시 문발로 123 파주출판문화정보산업단지
전화 : (031)992-8691 / 팩스 : (031)955-4433
등록 : 제10-1452호 / Email : vsbook@hanmail.net
공급처 : 솔라피데출판유통 / 전화 : (031)992-8691

Copyright ⓒ 2025 SolaFide Publishers
값 12,000원 / Printed in Korea
ISBN 978-89-5750-125-2

GOD'S WORD

A Guide to Holy Scripture

목차

CHRISTIAN ESSENTIALS

시리즈 머리말

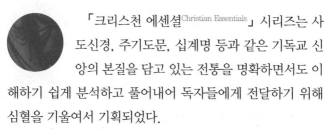「크리스천 에센셜Christian Essentials」 시리즈는 사도신경, 주기도문, 십계명 등과 같은 기독교 신앙의 본질을 담고 있는 전통을 명확하면서도 이해하기 쉽게 분석하고 풀어내어 독자들에게 전달하기 위해 심혈을 기울여서 기획되었다.

그리스도인에게 있어서 신앙의 성장이란 역설적이게도, 다시 처음으로 돌아가는 것이다. 위대한 종교개혁가 마르틴 루터Martin Luther는 이 원리를 다음과 같이 설명하였다. "나도 이제는 나이가 지긋한 학자가 되었지만, 여태껏 십계명이나 사도신경, 주기도문과 같은 기본 교리를 한 번도 소홀히 한 적이 없다. 나는 지금도 여전히 사랑스러운 한스, 레나와 함께 매일 그것들을 배우고 기도한다." 루터는 평생토록 성경

을 공부한 자신도 어린 자녀들만큼이나 여전히 예수 그리스
도에 대하여 배울 것이 많다고 여겼다.

초대교회는 사도신경, 주기도문, 십계명, 세례, 성경, 교
회, 성찬, 그리고 공예배와 같은 기본적인 성경의 가르침과
전통들 위에 세워졌다. 사도들의 시대부터 오늘에 이르기까
지, 이러한 기독교적 삶의 기초가 노인이든 청년이든, 남자
든 여자든, 목회자든 평신도든 상관없이, 모든 믿음의 세대
들을 지탱하고 성장시켜 왔다.

> "너희가 다 믿음으로 말미암아 그리스도 예수 안에서
> 하나님의 아들이 되었으니"(갈 3:26)

우리는 믿음의 선조들과의 만남을 통해서 지혜를 얻는다.
그들은 시대와 문화를 초월해서 우리의 관점을 넓혀준다.
C. S. 루이스Clive Staples Lewis는 "모든 세대는 그들만의 고유한
세계관을 가지고 있다. 각자의 관점은 어떠한 진리를 발견하
는데 탁월하기도 하지만, 때로는 자칫 실수를 저지를 가능성
을 높이기도 한다."라고 말했다. 우리는 현실에 초점은 맞추
되, 앞서간 이들로부터 그들이 했던 질문과 통찰을 배워야
한다. 즉, 신앙의 선배들의 삶을 읽어 내려감으로써 우리가
전혀 생각해보지 못한 영적 통찰력을 얻어내는 것이다.

「크리스천 에센셜Christian Essentials」 시리즈는 우리 신앙의 기본이 되는 것들이 가지는 진정한 의미를 일깨워 줄 것이다. 위대한 전통과의 만남은 성경적이면서 강력한 힘으로 우리를 기본으로 돌아가게 할 것이며, 하나님의 자녀들에게 지속적인 성장을 맛보게 할 것이다.

"이스라엘아 들으라 우리 하나님 여호와는 오직 유일한 여호와이시니 너는 마음을 다하고 뜻을 다하고 힘을 다하여 네 하나님 여호와를 사랑하라 오늘 내가 네게 명하는 이 말씀을 너는 마음에 새기고 네 자녀에게 부지런히 가르치며 집에 앉았을 때에든지 길을 갈 때에든지 누워 있을 때에든지 일어날 때에든지 이 말씀을 강론할 것이며 너는 또 그것을 네 손목에 매어 기호를 삼으며 네 미간에 붙여 표로 삼고 또 네 집 문설주와 바깥 문에 기록할지니라"(신 6:4-9)

하나님의 말씀을 듣기 위한 기도

 이 기도의 순서는 책의 각 장을 혼자 읽으면서 경건을 훈련할 수 있도록 되어 있다. 리더는 일반 본문을 읽고 나머지 구성원은 굵은 글씨로 된 본문을 읽으며, 소그룹에서 함께 사용할 수도 있다.

하나님의 이름으로

성부와 성자와 성령의 이름으로 기도합니다.
아멘.

주님, 내 입술을 열어주소서
내 입이 주님을 찬송합니다.   시편 51:15

하나님이여, 서둘러서 나를 구원하소서.
여호와여, 속히 나를 도우소서.   시편 70:1

주님은 나의 하나님이시니,
나를 가르쳐 주의 뜻을 행하게 하소서.
주님의 선하신 영이 나를 평탄한 길로 인도하게 하소서.

시편 143:10

성부와 성자와 성령께 영광이,
태초부터 지금까지, 이후로도 영원토록 있을지어다. 아멘.

예수님의 약속

예수님은 "하나님의 말씀을 듣고 지키는 자는 복이 있느니라"고 말씀하셨다.

누가복음 11:28

예수님은 또한 "진리의 성령이 오시면 그가 너희를 모든 진리 가운데로 인도하시리니 그가 스스로 말하지 않고 오직 들은 것을 말하며 장래 일을 너희에게 알리시리라 그가 내 영광을 나타내리니 내 것을 가지고 너희에게 알리시겠음이라"고 말씀하셨다.

요한복음 16:13-14

응답 기도문

주님, 주님의 말씀은 내 발에 등이 되시며,

내 길에 빛이 되십니다. 시편 119:105

주님의 약속은 참으로 진실되기에
주님의 종이 그것을 사랑합니다. 시편 119:140

주님의 말씀이 내 입에 어찌 그리 단지요,
내 입에 꿀보다 더 답니다! 시편 119:103

내가 날이 밝기도 전에 울부짖으며 주님을 찾았사오니,
나의 소망이 주님의 말씀에 있습니다. 시편 119:147

내가 뜬눈으로 밤을 지새우며,
주님의 약속을 묵상합니다. 시편 119:148

내 마음을 다해 주님께 간구하오니,
주님의 약속대로 내게 은혜를 베푸소서. 시편 119:58

나의 간구가 주님의 앞에 이르게 하시고,
주님의 약속대로 나를 건지소서. 시편 119:170

나의 고난이 매우 심하오니,
주님의 말씀대로 나를 살리소서! 시편 119:107

하나님의 말씀

주님께서 종에게 하신 말씀대로,
주님의 변함없는 사랑이 나의 위안이 되게 하소서.

시편 119:76

주님, 나의 부르짖음이 주님 앞에 이르게 하시고,
주님의 말씀으로 나를 깨우쳐 주소서. 시편 119:169

내 발걸음을 주님의 말씀에 따라 인도하시고,
어떤 죄도 나를 다스리지 못하게 하소서. 시편 119:133

내가 주님의 말씀을 즐거워하나니,
큰 보화를 얻은 사람과 같습니다. 시편 119:162

내가 주님의 법을 얼마나 사랑하는지!
온종일 주님의 법을 묵상합니다. 시편 119:97

주님의 모든 계명이 의로우므로,
내 혀가 주님의 말씀을 노래합니다. 시편 119:172

주님은 나의 분깃이시니,
내가 주님의 말씀을 지키겠습니다. 시편 119:57

주님의 말씀은 내 발에 등이 되시며,

내 길에 빛이되십니다.   시편 119:105

마무리 기도

복되신 주님,

주님은 우리를 위하여 모든 거룩한 말씀을 기록하게 하시며, 우리에게 가르침을 주셨나이다. 우리가 그 말씀을 듣고, 읽고, 기억하며, 배우고, 마음으로 깨닫게 하시며, 주님의 거룩한 말씀의 인내와 위로로 인하여, 우리가 품은 영원한 생명의 복된 소망을 항상 굳게 붙잡을 수 있게 하소서;

우리 주 예수 그리스도의 이름으로 기도합니다.

아멘.

오직 주님의 말씀이 고난 중에 위안이며,
나의 생명이 되십니다.   시편 119:50, 시편-기도문집

우리가 주님을 송축하며,
하나님께 감사하리로다.

19

I

연회 초대장

"하나님의 나라에서 떡을 먹는 자는 복되도다"

누가복음 14:15

이 글은 사람이 쓴 일반 책이 아닌 하나님이 쓰신, 하나님의 책에 대한 것이다. 더 정확히 말하면, 우리에게 말과 글, 그리고 구체적인 형태로 주신 하나님의 말씀에 관한 책이다. 나는 성경의 신성한 본질과 영감에 대한 해석은 물론, 성경이 기록된 하나님의 말씀이라는 사실을 증명하기 위해 논쟁을 할 의도가 없다. 그것은 마치 좋은 음식의 가치를 증명하려는 것과 같다. 음식이 얼마나 맛있고 영양이 풍부하며 포만감을 주는 지는 먹어봐야만 알 수 있다. 그 음식의 가치는 우리 몸에 미치는 영향을 통해서만 알 수 있다. 이 책은 다양한 요리로 구성된 풍성한 식사를 맛볼 수 있게 하는 초대장이며, 하나님의 말씀을 듣고 묵상하며 소화해서 영양분을 듬뿍 흡수하는 특별한

하나님의 말씀

연회, 즉 하나님의 성령으로 말미암아 생명을 공급받는 하늘 양식에 가깝다.

이 식사는 하나님께서 오실 메시야에 대하여 직접 말씀하신 예언을 담은 이사야 55장 1-9절의 풍성한 연회다. 이는 하나님께서 친히 베풀어 주시기로 약속하신 풍성한 연회이며, 값없이 주어지는 진실로 만족스러운 식사이자, 입이 아닌 귀로 '먹는' 영적인 잔치다. 이사야 25장 6-9절에서 예언한 대로 이 하나님이 베푸신 연회의 식사는 사망의 죽음을 기념하는 것이다. 이사야 55장 1-3절에서 하나님은 다음과 같이 모든 사람을 초대하신다.

> "모든 목마른 자들아 물로 나아오라 돈 없는 자도 오라 너희는 와서 사 먹되 돈 없이, 값 없이 와서 포도주와 젖을 사라 너희가 어찌하여 양식이 아닌 것을 위하여 은을 달아 주며 배부르게 하지 못할 것을 위하여 수고하느냐 내게 듣고 들을지어다 그리하면 너희가 좋은 것을 먹을 것이며 너희 자신들이 기름진 것으로 즐거움을 얻으리라 너희는 귀를 기울이고 내게로 나아와 들으라 그리하면 너희의 영혼이 살리라"

이 연회는 다윗의 후계자이자, 왕위 계승자인 메시야께서 직접 주관하시는 잔치이다. 그분은 한 사람도 빠짐없이 이 땅의 사람들을 초대하신다. 이 세상 모든 열방에서 온 손님들은 하나님의 백성과 함께 다윗과 맺은 하나님의 언약을 누린다. 그 안에서 그들은 기묘하게도 생명을 주는 하나님의 말씀으로 잔치를 벌인다. 하나님으로부터 용서받은 그들은 하나님 아들의 지위와 권세와 사명을 함께 누린다.

하나님께서 이 예언에서 약속하신 것은 예수 그리스도의 삶과 죽음, 부활로 성취되었다. 그분은 온 세상 사람들을 위해 이 땅에서 하늘의 만찬을 베풀도록 하나님 아버지로부터 보내심을 받았다. 나와 당신도 여기에 포함된다. 우리가 이 땅에서 살아가는 데 필요한 하늘의 지혜를 가르쳐 주실 수 있는 유일한 분이 지금 당신을 초대하신다.

> "너는 와서 내 식물을 먹으며 내 혼합한 포도주를 마시고 어리석음을 버리고 생명을 얻으라 명철의 길을 행하라"(잠 9:5-6)

주님은 당신을 만찬에 초대하여 끝없이 펼쳐진 풍성한 식탁을 즐기게 하신다. 초대에 응하여 그분의 말씀을 들으면, 이미 "하늘의 은사를 맛보고 성령에 참여한 바 되고 하나님의 선한 말씀과 내세의 능력을 맛본"(히 6:4-5) 사람들과 함께하게 될 것이다. 아직 이 만찬에 참여하지 못했더라도 상관없다. 이 초대는 당신을 비롯한 모든 사람에게 열려 있다.

이 책은 당신을 비롯한 모든 사람에게 주시는 하나님의 말씀으로 가득 차려진 하늘 잔치에 초대하기 위한 것이므로, 단순히 내가 쓴 글을 읽는 데 그치지 않고 직접 그분의 말씀을 주의 깊게 듣고, 묵상하며, 그 말씀의 유익을 누리기를 바란다. 그렇지 않으면 얼마 전 인기리에 방영된 흑백요리사처럼 유명 셰프들이 나오는 요리 예능 프로그램은 즐겨 보면서도, 정작 직접 요리해서 먹을 때 얻을 수 있는 즐거움과 포만감은 잘 모르는 사람들과 같다. 이런 가짜 식사는 다이어트에는 도움이 될 수 있지만, 영양을 공급해 주지는 못한다.

영적 영양분을 맛깔나게 담은 진짜 풀코스가 여기 있다! 삼위일체의 하나님께서 성경에 기록된 말씀을 통해 텅 빈 광야에서 이스라엘 백성에게 만나를 선물하신 것처럼, 초월적인 양식으로 당신을 먹이신다. 성경에서 성부, 성자, 성령 삼위일체의 하나님은 한 목소리가 되어 이 지구상의 모든 사람에게 하늘의 선물을 전해주신다. 하나님은 권위 있고, 능력 있는 말씀을 통해 당신과 사람들을 향한 위대한 일을 행하신다. 하나님 아버지께서는 말씀을 듣는 사람들에게 예수 그리스도를 은혜의 선물로 내어 주신다. 예수님의 복음을 통해 그 말씀을 듣는 사람들은 성령과 그분의 영적인 축복, 즉 구원과 생명, 공급과 치유, 회복과 능력을 받는다. 뷔페처럼 풍성한 식사에는 많은 종류의 요리가 있다. 이 뷔페에는 한 끼 식사로 끝내기엔 평생 먹고도 남을 만큼 많은 음식이 준비되어 있다. 다른 손님들과 함께 모여 같이 즐기는 것이 가장 좋은 공동체적인 만찬이지만, 소그룹 모임에서든 개인적으로든 이 책을 읽으면서 많은 부분을 깊이 음미할 수 있으리라고 확신한다.

그러므로 당신을 충분히 만족시킬 수 있는 풍성한 만찬, 곧 말씀으로 차려진 천국 잔치에 오신 것을 환영한다. 이제 하나님께서 여러분에게 하시는 말씀에 전심으로 귀 기울이고, 하나님께서 차려 주신 음식을 한 접시씩 받아먹으며 만찬을 즐기기만 하면 된다. 잔치에 참여하라! 내가 언급했던 베뢰아의 유대인들처럼(행 17:11), 당신이 직접 "주님의 선하심을 맛보라"(시 34:8). 마음껏 즐겨라!

BLESSED LORD,
you have caused all holy Scriptures to be
written for our learning.
Grant that we may so hear them,
read, mark, learn, and inwardly digest them

⊛ ✝ 👑 📖 🕊 🍷 🙌

that, by patience and comfort of your

holy Word,

we may embrace and ever hold fast the

blessed hope of everlasting life;

through Jesus Christ, our Lord.

AMEN.

하나님의 말씀

복되신 주님,

주님은 우리를 위하여

모든 거룩한 말씀을 기록하게 하시며,

우리에게 가르침을 주셨나이다.

우리가 그 말씀을 듣고,

읽고, 기억하며, 배우고, 마음으로 깨닫게 하시며,

주님의 거룩한 말씀이 인내와 위로로 인하여,

우리가 품은 영원한 생명의 복된 소망을

항상 굳게 붙잡을 수 있게 하소서;

우리 주 예수 그리스도의 이름으로 기도합니다.

아멘.

II

말씀하시는 하나님

"천지는 없어지겠으나 내 말은 없어지지 아니하리라"

누가복음 21:33

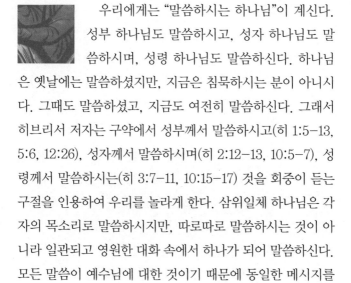우리에게는 "말씀하시는 하나님"이 계신다. 성부 하나님도 말씀하시고, 성자 하나님도 말씀하시며, 성령 하나님도 말씀하신다. 하나님은 옛날에는 말씀하셨지만, 지금은 침묵하시는 분이 아니시다. 그때도 말씀하셨고, 지금도 여전히 말씀하신다. 그래서 히브리서 저자는 구약에서 성부께서 말씀하시고(히 1:5-13, 5:6, 12:26), 성자께서 말씀하시며(히 2:12-13, 10:5-7), 성령께서 말씀하시는(히 3:7-11, 10:15-17) 것을 회중이 듣는 구절을 인용하여 우리를 놀라게 한다. 삼위일체 하나님은 각자의 목소리로 말씀하시지만, 따로따로 말씀하시는 것이 아니라 일관되고 영원한 대화 속에서 하나가 되어 말씀하신다. 모든 말씀이 예수님에 대한 것이기 때문에 동일한 메시지를

담고 있다. 예수님이 자신을 증거하신 것처럼 하나님 아버지
와 성령님도 예수님을 증거하신다(요 5:36-38, 8:18,
15:26). 구약성경의 예언서 저자와 신약성경의 저자들도 모
두 예수님에 대해 증거한다(요 5:39, 15:27, 눅 24:28). 그리
고 삼위일체 하나님께서 그분의 백성에게, 그들은 하나님께,
그리고 서로가 함께 나눈 모든 대화도 하나의 메시지를 이루
어낸다. 그 대화의 내용이 성경에 기록되어 있기 때문에, 지
금 우리도 그 내용을 들을 수 있으며, 그 대화에 참여할 수
있다. 그 안에서는 우리 모두가 청자와 화자로 참여할 수 있
는 기회를 얻는다.

　히브리서 저자는 회중을 위한 편지 형식으로 기록된, 하
나님 말씀의 핵심을 간단하면서도 심오하게 요약한다. "하
나님께서 옛날에는 예언자들을 통하여, 여러 번에 걸쳐 여러
가지 방법으로 우리 조상들에게 말씀하셨으나, 이 마지막 날
에는 아들을 통하여 우리에게 말씀하셨습니다. 하나님께서
는 이 아들을 만물의 상속자로 세우셨습니다. 그를 통하여
온 세상을 지으신 것입니다. 그는 하나님의 영광의 광채시
요, 하나님의 본체대로의 모습이십니다. 그는 자기의 능력
있는 말씀으로 만물을 보존하시는 분이십니다."(히 1:1-3 새
번역성경) 이 놀라운 말씀의 핵심은 선지자들을 통해 우리의
선조들에게 말씀하셨던 하나님께서, 이제는 같은 공동체의

일원으로서 함께 예배하는 우리에게도 말씀하신다는 것이다. 나는 이러한 주장에 놀라움을 감출 수 없다. 시내산에서 자기 백성에게 말씀하셨던 하나님께서 오늘날에도 우리에게 말씀하신다(히 12:22-25).

성경에서 하나님에 관한 내용이 많이 언급된다는 사실은 누구나 알 것이다. 이 중 일부는 하나님께서 직접 말씀하신 것이고, 또 다른 일부는 그것을 전하는 사람들의 말로 이루어져 있다. 따라서 예수님과 제자들에 의해 선포된 수없이 많은 말씀들이 이렇게 단일한 말씀, 단일한 메시지를 담은, 단 하나의 이야기라는 사실을 발견하게 될 때, 놀라움을 금할 수 없다. 사도행전을 예로 들어 생각해 보자. 누가는 선지자들과 사도들의 가르침을 "그 말씀"(총 12회), 또는 "하나님의 말씀"(총 10회), 또는 "주님의 말씀"(총 9회)으로 정리했다. 신구약의 말씀을 한 단어로 요약한다면, 구원의 말씀(행 13:26), 은혜의 말씀(행 14:3), 복음의 말씀(행 15:7)이라 할 수 있다. 그래서 성경은 오직 한 분이신 하나님의 말씀을 전하는 책으로 여겨진다. 그분이 한 분이신 것처럼, 그분의 말씀도 하나이다.

성경에서 하나님의 말씀은 인류의 보금자리로서 세상을

창조하신 것에서부터 시작된다. 세상은 그분의 말씀으로 존재하게 되었고 유지되고 있다(히 1:3, 11:3). 하나님은 세상을 창조하실 때와 같은 능력의 말씀으로 지금도 온 열방을 붙들고 계신다(시 33:8-9, 148:8-9). 따라서 지금이라도 그분이 더 이상 "빛이 있으라" 말씀하지 않으시면, 빛은 더 이상 존재하지 않게 된다(창 1:3). 지구상의 모든 생명도 마찬가지다. 하나님께서 땅을 향하여 초목을 내고, 생물을 내라고 말씀하지 않으시면, 지구상에 생명은 더 이상 존재하지 않게 된다(창 1:11, 24). 성부 하나님은 자신의 아들을 통해 세상을 창조하신다(요 1:3, 10, 골 1:16). 그 아들은 창조에 있어서 하나님의 대리인이자, 상속자이다(골 1:16).

연극이 작가와 연출자의 글을 토대로 만들어지는 것처럼, 세상의 이야기 또한 하나님의 말씀, 곧 작가이신 하나님과 연출자이신 예수님의 말씀을 토대로 만들어진다. 시편 33편 6절은 여기서 한 걸음 더 나아간다. "주님은 말씀으로 하늘을 지으시고, 입김으로 모든 별을 만드셨다.(새번역성경)" 여기서 '입김'으로 번역된 단어는 하나님의 영을 뜻하는 히브리어다. 우리가 입김(호흡-역주)을 사용해서 말하는 것처럼, 하나님도 자신의 영을 통해 말씀하신다. 혼돈과 어둠 위로 운행하시던 하나님의 영은 하나님의 말씀 안에서, 그리고 그 말씀을 통해 역사하시는 창조의 권능 그 자체이다. 하나님의 영은 우주의 질서를 창조하고 지속시킬 뿐만 아니라, 땅의 모든 생명을 창조하고 붙들고 계신다(시 104:30, 욥 33:4). 이처럼 하나님은 지금도 말씀과 성령으로 세상을 창조하신다.

성경의 전반부인 구약성경에서는 말씀으로 세상을 창조하신 하나님께서, 동일한 말씀으로 어떻게 이스라엘 백성들을 이끄셨는지 기록하고 있다(시 147:19-20). 하나님은 노아로 시작해서 말라기로 끝나는 일련의 선지자들을 통해 그들에게 말씀하셨다. 선지자들은 백성들에게 하나님의 말씀을 전하기 위해 보내심을 받은 하나님의 대언자였다. 하나님은 그들을 통해 말씀하시고자 하는 바를 인간의 언어로 전달하셨다. 하나님은 자신의 말씀을 그들의 입에 넣어 그들이 무엇을 말해야 하는지 알려주셨다(신 18:18, 왕상 17:24). 그들은 하나님의 이름으로 말한다(신 18:19, 약 5:10). 그래서 그들은 대부분 "여호와의 말이니라" 또는 "여호와의 말씀을 들으라" 등과 같은 방식으로 메시지를 전한다.

하나님의 영(사 48:16, 딤후 3:16, 벧후 1:21)으로 충만하게 된 그들은 하나님의 말씀을 선포하는 거룩한 능력으로 가득 찼다(미 3:8). 하나님은 성령에 감동된 선지자들을 보내사 자신의 백성들에게 말씀을 전하신다(슥 7:12). 하나님의 사자로서 그들은 예레미야처럼 이스라엘과 열방의 역사와 운명을 좌우하는 강력한 말씀을 전한다(렘 1:9-10). 그들은 각기 다른 상황에 따라, 각기 다른 역할을 하는 다양한 말씀을 전한다. 그들은 하나님께서 노아의 후손과 족장들, 이스라엘과 다윗에게 약속하신 언약의 말씀을 전하며 하나님에 대한 그들의 헌신을 요구하고, 하나님께서 허락하사 세우시고 거룩하게 하신 성막과 제사장직, 신성한 예배와 예배 공동체로서의 이스라엘에 관한 말씀을 전한다. 선지자들은 하나님의 백성이 약속의 땅에서 복을 받고 생명을 얻는 규례를 전하며, 대체로 하나님께서 자기 백성을 재앙에서 구원하시거나 불신앙에 대해서는 심판하시겠다는 예언적 말씀을 전한다. 이러한 예언은 단순히 하나님이 행하실 일을 예언하는 것을 넘어 실제로 그분의 말씀을 성취하는 것이다. 그들은 그들이 말한 것을 성취하기 때문에, 참 선지자의 증거는 그들이 말한 대로 이루어지는 것이다(신 18:21-22).

따라서 하나님께서 아브라함을 부르실 때부터 세례 요한이 메시야를 선포할 때까지, 하나님은 이스라엘과 대화하시며 자신의 백성으로 만들어 가셨다. 그들은 하나님의 말씀을 직접 받은 특별한 민족이다(시 147:19-20). 민족으로서의 이스라엘의 운명은 하나님의 말씀을 듣느냐, 듣지 않느냐에 따라 좌우되었다. 그래서 그들은 하나님의 책인 성경의 백성이 되었다. 그리고 그들의 기본적인 신앙고백은 들으라는 부르심에서부터 시작된다. "이스라엘아 들으라 우리 하나님 여호와는 오직 유일한 여호와이시니"(신 6:4).

성경의 후반부인 신약성경은 선지자들을 통해 말씀하신 하나님의 말씀이 하나님의 아들을 통해 우리에게 전달되는 것으로써 그 정점을 찍는다(히 1:2). 마치 연극의 연출자가 연극의 주연 배우로 무대에 오른 것과 같다. 그분은 인간으로 성육신하셔서 인류의 역사를 인도하셨다. 하나님 아버지께서는 아들을 통해 인간의 말로도 말씀하셨을 뿐만 아니라, 인간의 삶을 통해서도 사람들에게 말씀하셨다. 그분은 그가 말씀하신 것만큼이나 자신이 누구인지, 무엇을 하셨는지, 또 어떤 분이신지 나타내 주셨다. 그분은 단순히 하나님 아버지를 대표한 것이 아니라 하나님의 존재를 정확히 표현한 분이셨다(히 1:3). 예수님 안에 거하시는 아버지께서 아버지의 말씀대로 말하고, 행하시는 예수님의 말씀을 통해 구원의 사역을 성취하셨다(요 14:10).

이는 그분의 말씀이 자신을 보내신 아버지의 말씀이기 때문이다(요 14:24). 예수님은 자신의 권위로 말씀하시는 것이 아니라 보내신 분, 즉 아버지의 말씀을 전하셨다(요 12:49). 그분은 아버지로부터 들은 것을 선포하셨고(요 8:26, 15:15), 아버지께서 가르치신 대로 말씀하셨다(요 8:28). 그리고 예수님은 오래전 사도들에게 말씀하셨을 뿐만 아니라, 지금 우

리에게도 말씀하고 계신다. 하나님은 예수님의 말씀을 통해
우리에게 말씀하신다.

또한 성령님께서도 말씀을 통해 우리에게 말씀하신다(요
16:12-15). 성령님은 예수님을 그리스도의 죽음과 부활을
좇아 살아가는 우리에게 적용함으로써, 우리에게 개인적으
로 말씀하시며, 우리를 위해 일하신다. 성령님은 예수님이
이 땅에서 사역하시는 동안에 말씀하시고 행하신 것들을 떠
올리게 하사, 오늘날의 교회와 성도들이 그분의 말씀과 행하
신 것들을 깨닫게 하신다. 예수님의 말씀은 성령을 통해 우
리 안에 거하시며, 우리를 유익하게 하신다.

우리는 하늘에서 땅으로, 그리고 시간을 관통해서 전달되
는 자연의 법칙을 초월한 유익을 누리고 있다. 말씀하시는
분과 그것을 기록하는 사람들의 연결고리를 통해서, 하나님
의 말씀이 지금 이 자리의 우리에게 임한다. 하나님의 말씀
은 그분으로부터 우리에게로 전달된다. 이 하나님의 말씀은
듣는 사람이 믿음으로 받아 지키기 위해 주신 것이다(요
17:5-6). 말씀을 지켜야, 말씀이 주는 것을 얻는다(요 8:51-
52). 아버지께서는 자신의 말씀을 아들에게 주셨고, 아들은
그것을 지켰다(요 8:55). 아들은 그 말씀을 사도들에게 주었
고(요 17:8, 14) 사도들은 그 말씀을 지켰다(요 17:6). 사도들

또한 다른 이들에게 선포함으로써 그 말씀을 전했으며(요 17:20), 그렇게 받은 말씀을 지켜 행함으로 말씀이 주는 선물을 얻었다(요 14:23). 그들이 받은 말씀을 지켜 행하면, 하나님 아버지와 예수님께서는 그들을 사랑하시고 그들과 함께 거하신다.

이 지점부터 이야기의 그림은 말씀을 소유하는 것에서 말씀 안에 거하는 것으로 바뀐다. 예수님의 말씀은 제자들에게 거할 곳을 마련해주었다. 요한복음 초기에 예수님은 자신을 믿는 사람들에게 다음과 같이 말씀하셨다.

> "너희가 내 말에 거하면 참으로 내 제자가 되고 진리를
> 알지니 진리가 너희를 자유롭게 하리라"(요 8:31-32)

주님의 말씀을 가끔 방문하는 것이 아니라 그 말씀 안에 머물며 거하는 사람은 자신과 하나님에 대한 진리, 즉 하나님에 대한 모든 영적인 위험과 불확실성으로부터 자유하게 하는 진리를 배우게 된다. 하나님의 말씀은 그들에게 안전한 장소이자, 진리와 자유의 장소가 될 것이다. 그분의 말씀 안에 거하는 자는 피난처 되신 예수님 안에 거하게 될 것이며(요 15:4, 5, 7), 말씀이 그들 안에 있고, 예수님도 그들 안에 거하신다(요 5:38, 15:7). 무엇보다도 사랑하는 부모와 함께

하는 자녀처럼, 사랑하는 남편과 함께하는 아내처럼, 예수님께서 아버지의 사랑 안에 거하시는 것과 같이, 그분의 사랑 안에 거하게 될 것이다(요 15:10). 예수님이 아버지와 함께 계신 그 거룩한 곳에 그들도 함께 있게 되는 것이다(요 17:24 참조; 7:34, 36, 8:22, 12:26). 그분의 말씀은 그들에게 자유와 사랑의 장소이자, 번성하고 열매 맺는 장소이며, 명예와 영광의 장소이자, 이 땅에서 하늘로 향하는 통로가 되어 줄 것이다.

하나님의 말씀은 영원하기에, 끊임없이 변화하는 세상에서 안전한 장소를 제공해 준다. 또한 하나님의 말씀은 특정 시기에 선포되었다 하더라도, 모든 시공간을 초월하여 언제 어디서나 사람들에게 하나님의 선물을 전달한다. 시편 119편 89-90절은 하나님의 말씀이 하늘에 굳게 자리잡고 있기 때문에 영원하다고 분명하게 고백한다. 하나님은 영원한 말씀을 통해서 이 땅에서 질서를 지키시고 모든 세대에게 신실하심을 보여주신다. 이처럼 하나님은 자신의 말씀이 영원할 것이라고 약속하셨을 뿐만 아니라(사 40:8), 이제 그 약속을 썩지 않는 예수님의 복음을 통해서 성취하셨다(벧전 1:23-25). 복음은 다른 모든 것이 사라져도 사라지지 않는 "살아 계시며 변함없으신 하나님의 말씀", 즉 영원히 존재하는 말씀이다. 따라서 이 말씀은 우리가 하나님과 영원히 함

께 거할 수 있는 장소가 된다. 그러므로 예수님은 하늘과 땅
이 사라지더라도 그분의 말씀은 결코 사라지지 않을 것이라
고 엄숙히 선언하신다(눅 21:33). **하나님의 말씀**은 영원토록
유효할 것이다.

복되신 주님

III

말씀하신 대로 행하시는 하나님

"그가 말씀하시매 이루어졌으며"

시편 33:9

 이사야 55장 10-11절에서 하나님께서는 예
언의 말씀, 곧 이사야를 통해서 자기 백성에게
말씀하신 구원의 약속의 능력에 대하여 이렇게
말씀하신다.

"비와 눈이 하늘에서 내려서, 땅을 적셔서 싹이 돋아 열
매를 맺게 하고, 씨뿌리는 사람에게 씨앗을 주고, 사람
에게 먹거리를 주고 나서야, 그 근원으로 돌아가는 것처
럼, 나의 입에서 나가는 말도, 내가 뜻하는 바를 이루고
나서야, 내가 하라고 보낸 일을 성취하고 나서야, 나에
게로 돌아올 것이다."(새번역성경)

하나님의 말씀

이사야 선지자가 말한 것이든 성경 전체가 말하는 것이든, 하나님의 말씀은 대지에 물을 공급해서 생명을 주는 비와 눈과 같다. 이것은 강력하고 실행력이 있으며, 효과적이고 생산적이다.

이는 인간의 말에도 어느 정도 적용된다. 말의 힘은 인간사에 대한 안목이 있는 관찰자라면 누구나 분명하게 느낄 수 있다. 좋든 나쁘든 말은 세상의 역사와 우리 삶의 모든 부분에 영향을 미친다. 건설적인 말은 우리 모두에게 이익이 되는 좋은 결과를 낳지만, 파괴적인 말은 지구상의 모든 생명체에게 큰 피해를 준다. 건설적인 말은 평화와 번영을 증진하지만, 파괴적인 말은 갈등과 혼돈을 불러일으킨다. 그래서 야고보는 혀는 지옥의 불과 같으며 이 땅의 모든 삶의 여정을 불태울 수 있는 힘을 가지고 있다고 정확하게 지적한다(약 3:6). 말은 사악한 혼란을 퍼뜨릴 수도 있고, 신성한 조화를 촉진할 수 있는 힘도 가지고 있다(약 3:13-18).

말의 힘은 언어가 작동하는 방식과 우리가 언어를 사용하는 방식에서 잘 드러난다. 사람들은 사물을 정직하게 묘사하기 위해 서술적 표현을 사용하기도 하지만, 진실을 속이기 위해 부정직하게 그것을 사용하기도 한다. 우리는 다른 사람에게 옳은 일을 하도록 하기 위해 도덕적인 명령어를 사용하기도 하지만, 잘못된 일을 하도록 시키기 위해 비도덕적인 명령어를 사용하기도 한다. 무엇보다도 우리는 선한 일을 도모하기 위해 평화 선언과 같은 수행어(말 자체가 특정한 행위를 수행하는 말: 역주)를 쓰기도 하지만, 반대로 불의한 선전포고와 같은 악한 일을 도모하기 위해 수행어를 쓰기도 한다. 그러나 이러한 명백한 힘에도 불구하고 인간의 말의 효과는 화자의 한계에 의해 제한된다. 말로만은 아무것도 이루어 낼 수 없다. 의도한 바를 모두 달성하는 경우도 드물고, 그마저도 잠시 동안만 가능하다. 그래서 인간의 말은 허공에 흩어져 사라지는 메아리 같을 때가 너무나 많다.

　이사야는 하나님의 말씀은 인간의 말과 두 가지 측면에서 다르다고 말한다. 하나는 인간의 말과는 달리 오직 선한 것만을 말씀하신다는 것이다. 심지어 심판의 때조차도 하나님의 말씀은 죄인들을 용서하시기 위해 죄를 심판하신다(사 55:6-9). 또 다른 한 가지는, 하나님이 원하시는 것은 반드시 성취하신다는 것이다. 하나님의 말씀은 말씀하신 대로 행하고, 약속하신 대로 주시며, 그 목적을 성취하심으로 항상 효력이 있다. 대지에 물을 주는 비와 눈이 그 속에 뿌려진 말알을 싹 틔우고, 땅에서 솟아나는 식물에 영양을 공급하며, 농부에게 곡식을 수확하게 하듯, 하나님의 말씀은 생산적이다. 새로운 생명을 낳고, 그 생명이 잘 자라고 번성하도록 영양을 공급하며, 풍성한 곡식을 수확하여 사람들이 먹을 밀가

루와 빵을 생산한다. 그렇게 이 땅의 사람들에게 선포된 하
나님의 말씀은 세상과 그 안의 생명을 창조하고 지탱하는 강
력한 말씀과 같아서, 말씀하신 대로 이루어진다.

우리는 사복음서에 나오는 예수님의 이야기들에서 이것
을 가장 잘 확인할 수 있다. 복음서 기자들은 예수님이 하신
일들을 기록하면서 상당수가 예수님께서 말씀을 통해 성취
하셨음을 보여준다. 이는 다양한 사람들과 다양한 상황에서
다양한 방식으로 이루어졌다. 예를 들어 마가복음을 살펴보
자. 예수님은 처음 네 명의 제자들을 "나를 따라오라 내가 너
희로 사람을 낚는 어부가 되게 하리라"(막 1:17, 2:14)는 말
씀으로 부르셨다. 예수님은 더러운 귀신을 침묵시키시고 "잠
잠하고 그 사람에게서 나오라"(막 1:25)고 말씀하시며 귀신
을 쫓아내셨다. 나병환자를 고치실 때는 "깨끗함을 받으
라"(막 1:42)는 말씀으로 나병환자를 고치셨다. 앉은뱅이에
게는 "네 죄사함을 받았느니라"(막 2:5)고 말씀하시며 용서
하시고, "일어나 네 상을 가지고 집으로 가라"(막 2:11)는 말
씀으로 치유하셨다. 손이 마른 사람에게는 "네 손을 내밀
라"(막 3:5)는 말씀을 통해 고치셨다. 호수 위로 불어닥치는
광풍을 향해서 "잠잠하라"(막 4:39)는 말씀으로 바람을 진정
시키셨다. 예수님은 군대 귀신에게 사로잡힌 자에게 "더러
운 귀신아 그 사람에게서 나오라"(막 5:8)고 말씀하셔서 귀

신들을 쫓아내셨다. 혈루병 걸린 여인에게는 "딸아 네 믿음이 너를 구원하였으니 평안히 가라 네 병에서 놓여 건강할지어다"(막 5:34)라고 말씀하시며 고치셨다. "내가 네게 말하노니 소녀야 일어나라"(막 5:41)는 말씀으로 죽은 소녀를 살리셨다. 갈릴리 호수에서 폭풍우에 휩쓸려 익사할 위기에 처한, 겁에 질린 제자들에게는 "안심하라 내니 두려워 말라"고 위로의 말씀을 주셨다. 수로보니게 여인에게는 "귀신이 네 딸에게서 나갔느니라"(막 7:29)는 말씀으로 딸을 사로잡고 있던 귀신을 쫓아내셨다. 귀먹고 말 더듬는 자에게는 "에바다!"(막 7:34), "열려라"는 말씀으로 청력과 말 더듬는 것을 고쳐주셨다. 귀신들린 소년에게는 "말 못 하고 못 듣는 귀신아 내가 네게 명하노니 그 아이에게서 나오고 다시 들어가지 말라"(막 9:25)고 말씀하시며 치료해 주셨다. 맹인 거지 바디메오에게는 "가라 네 믿음이 너를 구원하였느니라"(막 10:52)고 말씀하셔서 그의 시력을 회복시켜주셨다. 또 한번은 열매 없는 무화과 나무를 향해 "이제부터 영원토록 사람이 네게서 열매를 따먹지 못하리라"(막 11:14)는 말씀으로 그 나무를 시들게 하셨다. 가장 놀라운 것은 제자들과의 마지막 유월절 식사에서 제자들에게 "받으라 이것은 내 몸이니라 … 이것은 많은 사람을 위하여 흘리는 나의 피 곧 언약의 피니라"(막 14:24)는 말씀으로 떡과 포도주를 통해서 자신의 몸과 피를 주셨다는 것이다.

예수님의 이런 말씀들은 자신이 말씀하신 것들을 성취하고자 하는 실행적인 말씀들이다. 몇몇 선포의 말씀들은 어떤 일이 일어난 것에 대한 것이 아니라 실제로 일어나게 하는 선포인 경우도 있다(막 2:5, 7:29, 10:52, 14:24). 그러나 대부분의 말씀들은 선포하는데 그치지 않고 말씀하신 것을 실행하도록 하는 명령이다. 명령하신 대로 이루어지는 것이다. 이 명령들이 놀라운 가장 큰 이유는 예수님께서 말씀하신 것을 통해, 하나님께서 성취하고 베풀어주실 것을 선포하는 수동적 명령이라는 사실이다. 마가복음 1장 41절에서 나병환자에게 깨끗함을 받으라고 말씀하신 것이나, 5장 34절에서 여인이 병에서 놓여 건강하게 될 것이라고 말씀하신 것들이 대표적인 예다.

예수님은 단지 말씀만으로 아버지의 일을 행하시는 것이 아니라, 보통은 가르침을 통해 아버지의 일을 행하신다. 예수님은 항상 자신의 가르침에서 그분이 말씀하시는 것을 배우는 사람들이 매우 구체적으로 성취하도록 하신다. 예수님은 권위 있는 말씀으로 가르치신다(눅 4:31-32). 예를 들어 마가복음에 나오는 몇 가지 사례를 살펴보자. 마가복음 2장 16-17절에서 예수님은 죄인들과 더불어 먹고 마신다고 공격하는 비판자들을 정죄하시며, 세리였던 레위와 같은 사람들을 제자로 받아들이신다. 마가복음 4장 1-34절에서는 비유를 통해서 제자들에게 하나님의 나라를 선포하심으로써 하나님 나라를 여는 메시야로서의 정체성과 신비를 말씀해 주셨고, 하나님의 말씀을 가르치심으로써 다른 사람들에게도 그 나라를 전하도록 사명을 주셨다. 마가복음 8장 31절-9장 1절에서는 자신의 고난과 죽음, 부활을 예고하시며 제자들을 구원의 길로 함께 가도록 초청하셨다. 마가복음 13장 1-37절에서는 제자들에게 세상의 종말에 대하여 가르치시면서 영적으로 깨어 있을 것을 권면하셨다. 모든 경우에 예수님은 제자들에게 예수님께서 하시는 일들에 대하여 말씀해 주시고 제자들이 어떻게 예수님께서 하시는 일에 동참할 수 있었는지 보여주신다. 예수님은 이들을 가르치심으로써 제자 삼으시고 세상을 향한 예수님의 사역에 동참하도록 허락하셨다.

히브리서 저자는 4장 12절에서 "하나님의 말씀은 살아 있고 활력이 있어 좌우에 날선 어떤 검보다도 예리하여 혼과 영과 및 관절과 골수를 찔러 쪼개기까지 하며 또 마음의 생각과 뜻을 판단하나니"라는 말씀을 통해 하나님 말씀의 능력을 매우 인상적으로 묘사하고 있다. 그는 성경의 네 가지 주요 활동을 강조한다. 첫째, 말씀은 살아 계신 하나님의 살아 있는 말씀이기 때문에 생명을 주며, 그 생명을 지속시켜 준다. 그것은 우리의 자연적이고 육체적인 생명력을 강화할 뿐만 아니라 하나님의 생명력, 곧 그분의 영원한 생명에 참여할 수 있게 해준다. 둘째, 말씀은 활력과 효력이 있다. 말씀은 우리 안에서 역사한다. 말씀은 우리에게 활력을 주며 하나님께서 우리를 부르시는 일, 곧 하나님께서 직접 우리에게 힘을 주지 않으시면 우리가 할 수 없는 일을 할 수 있게 해주신다. 셋째, 말씀은 체내의 감염을 제거하기 위해 수술에서 메스를 사용하는 것처럼 치유를 위해 우리 내면의 깊은 곳을 잘라 낸다. 넷째, 말씀은 우리의 몸과 영혼을 관통하여 우리의 잘못된 것들을 고치신다. 이런 일이 가능한 것은 말씀이 가지고 있는 분별력과 통찰력 때문이다. 마치 엑스레이나 초음파처럼, 사람의 눈에 보이지 않는 것을 보고 마음에 숨겨진 것들을 드러낸다. 그래야 제대로 질병을 진단하고 올바른 치료를 제공할 수 있다. 하나님의 살아 있는 말씀은 우리의 귀를 통해 마음으로 전달되고, 양심에 영향을 미친다. 이렇게 우리는 말씀이 주는 은혜와 도전을 누리며 생명과 치유를 경험한다. 말씀에는 우리를 구원하는 능력이 있다.

그러나 하나님의 말씀이 하나님께서 이루고자 하시는 것을 성취하더라도 저절로 그렇게 되는 것은 아니다. 왜냐하면 하나님의 말씀은 그 말씀을 의지하고 그것을 받아들이는 사

람에게만 하나님의 선물을 주기 때문이다. 예수님께서는 네
가지 땅에 떨어진 씨앗의 비유(마 13:1-23, 막 4:1-20, 눅
8:4-15)를 통해 이에 대해 직접 가르치셨다. 신자가 말씀을
들어도 열매 맺지 못하는 이유는 그 말씀의 영향력이 그 자
체의 신성한 능력뿐만 아니라 듣는 사람의 마음 상태에도 달
려있기 때문이라고 설명하셨다. 말씀이 구원에 이르는 믿음
에 관한 것임을 이해하기도 전에 마귀가 그것을 마음에서 빼
앗아가도록 내버려두는, 즉 말씀을 받아들이지 않으려는 태
도, 말씀을 받고 잠시 믿음을 가지지만 어려움이 오면 쉽게
포기하는 가벼운 태도, 말씀을 들었지만 당장 관심을 빼앗기
는 다른 분주한 일들로 말씀을 덮어 버리는 산만한 태도 등
세 종류의 잘못된 마음가짐이 말씀을 듣기는 들어도 열매 맺
지 못하도록 방해한다는 것이다.

　앞선 열매 맺지 못하는 잘못된 마음가짐들과는 다르게, 말
씀을 듣는 바른 태도는 생산적이며 풍성한 열매를 맺게 한
다. 그러나 마음가짐이 전부는 아니다. 결국 하나님의 말씀
이 풍성한 열매를 맺게 하는 것이다. 말씀을 그저 듣기만 하
는 것으로는 열매를 맺을 수 없다. 말씀이 무엇을 이야기하
고, 무엇을 주고자 하는지 이해하며 듣는 사람(마 13:23), 듣
고 전심으로 받아들이는 사람(막 4:20), 그리고 마음에 영원
히 간직하는 사람(눅 8:15)에게 풍성한 수확과 열매를 맺게

한다. 하나님의 말씀과 그 말씀이 주는 것을 받아들이면 열매를 맺게 된다. 예수님은 말씀을 마음에 품은 사람에 대해 이렇게 말씀하셨다. "무릇 있는 자는 받아 넉넉하게 되되"(마 13:12). 하나님께서는 경청하는 이들에게 말씀을 통해 아낌없는 선물을 주신다. 왜냐하면, 그들에게는 듣는 귀와 보는 눈이 있기 때문이다(마 13:16-17). 이런 사람들은 하나님께서 말씀을 통해 주시는 선물을 계속해서 받기 때문에 진정한 축복을 얻는다. 그들은 하나님으로부터 점점 더 많은 선물을 받는다(마 13:11-12, 눅 8:18). 마가복음에서 예수님은 제자들이 하나님의 선물을 받는 것에 관해 한 가지를 덧붙이신다. "너희가 무엇을 듣는 가 스스로 삼가라 너희의 헤아리는 그 헤아림으로 너희가 헤아림을 받을 것이며 더 받으리니"(막 4:24). 제자들이 하나님의 말씀을 더 많이 들을수록, 말씀을 통해 하나님으로부터 더 많은 것을 받게 되고, 말씀을 통해 하나님으로부터 더 많이 받을수록 하나님의 선물을 받을 수 있는 능력도 더 커진다(막 4:24-25). 말씀을 신실하게 경청할수록 말씀에 대한 흡수력이 좋아지고, 결과적으로 말씀에 대한 수용력이 점점 더 커진다.

하나님의 말씀은 말씀하신 대로 행하고 약속한 것을 이루시기 때문에 진리의 말씀이다(요 17:17). 하나님은 신실하시고 참 되시기 때문에 믿을 수 있고 신뢰할 수 있다(고전 10:8,

고후 1:18, 살전 5:24). 참되신 하나님은 옳은 판단을 내리시며(시 119:137, 142, 요 8:16, 26), 약속을 지키시는 신실하신 분이시다. 그분의 아들 예수님 또한 아버지로부터 은혜와 진리를 우리에게 가져다 주신 참 하나님이시며, 그 자체로 진리가 되시는 분이시다(요일 5:20, 요 1:14, 17, 14:6 참조). 하나님은 계명과 경계의 말씀이 담긴 율법을 통해 우리에게 옳고 그름이 무엇인지 보여주시고, 우리의 죄를 진실하게 드러내시며(롬 3:20), 우리를 진리의 길로 인도하사(시 86:11), 우리를 향한 하나님의 뜻을 깨닫게 하고 하나님을 기쁘시게 하는 일을 행하게 하신다(요일 3:23). 하나님은 우리의 구원을 위한 진리의 말씀인 복음을 통해 우리를 거듭나게 하시고, 그리스도와 그분의 모든 축복을 우리에게 주신다(엡 1:13, 골 1:5-6, 약 1:16-18). 따라서 하나님의 말씀은 우리가 말씀에 의지하여 구원을 얻거나 영적인 공격으로부터 보호받을 때 증명된다(시 12:5-6). 우리는 말씀의 능력을 경험함으로써 하나님의 말씀이 참되다는 사실을 스스로 발견하게 된다(시 119:40, 잠 30:5). 말씀은 그것이 우리에게 미치는 영향과 효과로 입증된다. 말씀에 대한 의존성을 통해 우리는 하나님께서 진실로 말씀하신 대로 행하시는 분이심을 확인하게 된다. 그렇게 우리는 진리가 우리를 자유하게 한다는 것을 알게 된다(요 8:32).

IV

듣는 귀를 열어주시는 하나님

"너희 눈은 봄으로, 너희 귀는 들음으로 복이 있다"

마태복음 13:16

신학생이었던 내가 처음으로 설교한 본문은 교수님이 정해 주신 마가복음 7장 31-37절 말씀이었다. 나는 너무 긴장한 나머지 이 본문에서 무슨 일이 일어났는지 이해하기 위해 최선을 다해야 했고, 이 이야기에서 무엇을 설교해야 할지를 찾기 위해서 더 열심히 노력해야 했다. 그때는 이 이야기가 복음서와 하나님의 말씀, 그리고 모든 성경 말씀이 어떤 기능을 하는지에 대한 나의 생각에 얼마나 큰 영향을 미쳤는지 제대로 깨닫지 못했다. 말씀에 대한 나의 접근 방식에 결정적인 자극을 준 것은 이 본문에서 예수님께서 말씀하신 유일한 아람어 단어인 에바다*ephphatha*, 곧 '열려라!'는 뜻의 단어였다. 이 단어는 나의 생각에 근본적인 변화를 일으켰다. 복음서에 나오는 예수님에 관한 이야기가 무엇을 의미하는 지가 아니라, 그 이야기 속에서 예수님이 무엇을 하셨는지 질문하게 되었다.

귀먹고 말 더듬는 사람을 고치신 놀라운 이야기에는 이해하기 어려운 기이한 일들로 가득하다. 그가 예수님께로 나아온 것이 아니라, 사람들이 그를 데리고 예수님께 나아가 안수해 주시기를 구했다. 그러나 예수님은 안수하지 않으셨다. 대신 예수님은 듣지 못하는 사람의 귀에 손가락을 넣고 침을 뱉어 묶인 혀에 대신 후, 하늘을 바라보고 고통 가운데 있는 사람처럼 탄식하시며, "열려라!" 하고 말씀하셨다. 귀먹고 말 더듬는 사람은 들을 수 없는 말이었지만, 그의 귀와 혀를 향해 선포된 말씀을 통해 그는 듣는 능력과 술술 말할 수 있는 능력을 얻게 되었다. 이 모든 일은 즉시 이루어졌다. 이것은 별개의 행위가 연속적으로 일어난 사건이 아니다. 네 가지 행위가 예수님 말씀의 시각적 표현으로써 수반되어 그 말씀이 이루어지게 한 하나의 사건이다. 마가는 이 말씀을 아람어로 기록함으로써 강조했는데 이는 세례식에서 사용되던 것으로, 로마에서 이 아람어가 사용된 기록이 있는 것으로 보아, 아마도 당시 로마의 독자들에게 친숙했기 때문일 것이다.

나에게 이 본문이 당혹스러웠던 이유는 '에바다'의 문법적 형태 때문이다. 이 동사는 명령 수동형으로, 이런 형태는 이

본문을 비롯한 다른 여러 곳에서 예수님께서 말씀하신 대로
하나님이 이루신다는 선언으로 사용된다. 그렇게 마가복음
1장 41절에서 예수님이 나병환자에게 "깨끗함을 받으라!"고
말씀하실 때, 그는 즉시 고침을 받았다. 예수님께서 "잠잠하
라" 말씀하시자 더러운 귀신과 광풍도 잠잠해졌다(막 1:25,
4:39). 예수님께서 "건강할지어다" 말씀하시자 한 여인이 다
시 건강해졌다(막 5:34). 마가복음 7장 34절에서도 마찬가
지다! 여기서 예수님은 귀먹고 말 더듬는 사람에게 그의 귀
와 혀를 열라고 말씀하지 않으신다. 대신 예수님께서 그를
위해 이 말씀을 선포해 주셨다. 예수님의 수행적 선언은 그
명령대로 성취된다. 이 말씀은 듣고 말하는 능력을 선물로
준다. 이 말씀이 듣는 귀와 말하는 혀를 창조해 버린 것이다.
예수님이 하늘을 우러러보신 것은 예수님의 말씀을 통해 사
람의 귀와 눈을 열어주시는 분이 하나님이심을 보여준다. 이
렇게 효력 있는 말씀은 창세기 첫 장에서 하나님께서 세상을
창조하고 질서를 유지하기 위해 말씀하셨던 창조의 말씀과
매우 흡사하다. 그래서 이 "열려라" 하는 말씀은 "하나님에
의해 열릴지어다!"라고 의역할 수 있다. 이 말씀은 예수님께
서 하늘 아버지의 대리인이자 대변인으로서 신적 권위를 가
지고 말씀하셨기 때문에, 그대로 이루어진 것이다.

사실 귀먹고 말 더듬는 사람은 자신의 곤경에서 벗어나기

위해 아무것도 한 것이 없다. 그는 단지 친구들에게 이끌려 예수님께로 온 것뿐이다. 그는 예수님의 말씀을 통해 하나님이 주시는 청력과 언어능력을 은혜의 선물로 받았다. 그 결과 그는 예수님의 말씀을 듣고, 예수님과 다른 사람들에게 정확하게 말하는 능동적인 존재가 되었다. 그는 재창조된 사람이다. 구경꾼들도 이 사실을 잘 알고 있었다. 그들은 하나님께서 이 일을 행하셨다는 것을 인식하고 그 뜻을 높여 찬양한다. 놀랍게도 그들은 "그가 모든 것을 잘하였도다"(막 7:37)라고 고백함으로써, 창세기 1장에 기록된 천지의 창조주 되시는 하나님의 선한 사역을 찬양하게 된 것이다.

돌이켜보면, 이 이야기가 어떻게 나를 긴 발견의 여정으로 이끌었는 지 이제야 알 것 같다. 그렇다고 이 이야기가 성경의 깊은 의미를 발견하는 데 있어서 중요한 열쇠가 되었다고 말하기는 어렵다. 오히려 해석이라는 방법론이 더 중요한 열쇠가 되었다. 대신 이 이야기는 하나님의 말씀인 복음서의 역할과 용도에 대한 통찰을 주었다. 나는 사복음서를 비롯한 성경 전체가 사실 2천 년 전, 예수님이 죽으시고 부활하시기 전의 말씀과 행적뿐만 아니라 현재 예수님께서 하시는 말씀과 행적에 대해서도 명시적으로든 암묵적으로든 증거하고 있다는 사실을 알게 되었다. 예수님은 "어제나 오늘이나 영원토록 동일하신 분"(히 13:8)이시다.

또한 이 이야기는 신성한 수행적 언어로서의 말씀의 힘을 일깨워 주었다. 하나님의 말씀이기 때문에 그 말씀대로 이루어진 것이다. 말씀은 단순히 거룩한 하나님의 사역에 대한 정보를 전달하는 데 그치지 않고 다양한 방식으로 하나님의 신적인 도움을 제공했다. 예수님의 복음은 실제로 그 복음을 믿고 따르는 사람들에게 그분과 그분의 모든 은총을 전해주었다. 그들은 거룩한 말씀을 그들에게 선포된 그대로 받아들임으로써 살아 계신 하나님의 음성으로 들었다.

이 이야기는 또한 하나님의 말씀의 창조적인 능력이 인간의 말로는 할 수 없는 일을 해낸다는 것을 보여준다. 우리는 보통 말을 할 때, 우리가 하는 말을 들을 수 있는 물리적인 귀뿐만 아니라 그 말을 이해할 수 있는 정신적인 능력이 있는 사람들에게 말을 한다. 그러나 예수님은 그분의 말을 이해하거나 알아듣지 못하는 불신자들에게도 말씀하셨다. 그들은 사람의 말은 알아들을 수 있었을지 몰라도, 하나님의 음성에 대해서는 아무리 인간의 언어로 말씀해 주셨어도 알아듣지 못했다. 그들은 인간의 귀로 인간의 음성은 알아듣지만 그분의 음성은 듣지 못했다. 그들은 영적으로 귀먹고, 눈먼 사람들이다. 그들의 귀가 하나님께 맞춰져 있지 않기 때문에, 그분이 그들에게 주시는 것을 보지 못한다. 그래서 예수님께서는 그들에게 믿음을 창조하여 주시는 것을 듣고 받

하나님의 말씀

아들이게 하는 신적인 권위를 가진 그분의 말씀, 곧 영적으로 귀먹은 사람들을 다시 듣게 하며, 듣고 전하는 자들로 변화시키는 말씀을 선포해 주셔서, 불신으로 귀먹은 마음의 장벽을 허물어 버리시고, 삼위일체 하나님께서 이끌어 가시는 위대하고 초월적인 대화에 참여하게 하신다. 그들은 처음에만 예수님의 말씀을 듣고 의지하는 것이 아니라, 계속해서 말씀하시는 예수님에게서 그들의 눈과 귀를 떼지 않는다. 그들이 그분의 말씀 안에 머물고(요 8:31), 그분의 말씀이 그들 안에 있어야만(요 15:7, 요일 2:14, 24) 계속해서 그분의 제자가 될 수 있다. 그분의 말씀이 그들 안에서 능력을 발휘하고 그들에게 지속해서 유익을 줄 수 있게 그분의 말씀을 지켜야 한다(요 8:51-52, 14:23, 17:6, 요일 2:5, 계 3:8). 그들은 모든 것을 그분과 그분의 말씀에 의존한다. 그렇지 않으면 그들은 영적으로 아무것도 소유할 수 없으며, 아무것도 할 수 없다(요 15:5).

누가복음 7장 11-17절에는 예수 그리스도의 말씀의 창조적 능력에 대한 더욱 놀라운 사례가 기록되어 있다. 이 이야기는 예수님께서 나인성 과부의 죽은 아들을 소생시키신 사건이다. 그는 이미 죽었기 때문에, 청각뿐만 아니라 그의 모든 감각을 잃어버린 상태였다. 그러나 예수님께서 친히 그에게 가까이 다가가서서 "청년아, 내가 네게 말하노니 일어나라"고 말씀하시자, 그는 예수님의 그 음성을 들었다. 이 명령에 담긴 말씀이 너무나도 강력해서 그의 생명을 되살리고 청력과 언어까지도 회복시켜 버린다. 이 회복의 능력은 나인성 과부의 아들처럼 한때 영적으로 죽었다가 예수님으로 말미암아 다시 살아난 모든 그리스도인에게 동일하게 나타난다(엡 2:1-7, 5:14).

우리의 언어를 알아듣는 능력, 더 나아가 하나님의 말씀을 듣고 이해하는 능력에는 신비가 있다. 청각 장애를 가지고 태어나지 않는 이상, 우리는 사람의 말소리를 들을 수 있는 능력을 가지고 태어나지만, 특정 언어를 이해하는 능력을 가지고 태어나지는 않는다. 특정 언어를 듣고 이해하는 능력은 후천적인 것이다. 이런 능력은 그 언어가 사용되는 사회적 분위기에서 살아오면서 얻게 되는 능력이다. 나 또한 영어로 말하는 환경에 노출되면서 영어를 이해하고 말할 수 있는 능력을 얻게 되었다. 영어를 더 많이 들을수록 영어를 더 잘 알아 들을 수 있게 된다. 그런 의미에서 언어는 그 자체로 듣는 능력을 만들어 낸다.

하나님의 말씀도 마찬가지다. 처음에는 사람의 말 정도로 듣게 된다. 그것을 하나님의 말씀으로 들으려면 다른 종류의 청력, 즉 믿음의 청력이 필요하다(갈 3:2, 5). 인간의 언어처럼, 이해할 수 없는 외국어를 이해할 수 있는 능력은 우리가 그 언어에 노출될 때 얻게 된다. 말씀을 통한 성령님의 역사는 그분의 음성을 듣고 그분의 말씀을 이해할 수 있는 능력을 만들어 낸다(고전 2:12). 하나님께서는 하나님의 말씀을 통해 그 능력을 주신다.

이러한 듣는 은사는 신구약성경 양쪽 모두에 언급되어 있다. 신명기 29장 4절에서 모세는 "깨닫는 마음과 보는 눈과 듣는 귀는 오늘까지 여호와께서 너희에게 주지 아니하셨느니라"고 한탄했다. 이는 그들이 하나님이 주시는 이런 은사들을 거절했기 때문에 일어난 일이었다. 이사야 6장 9-10절에서 하나님은 이사야를 통해 자신의 말씀을 거부한 교만한 이스라엘 백성들에게 "너희가 듣기는 들어도 깨닫지 못할 것이요 보기는 보아도 알지 못하리라"는 수수께끼 같은 역설적인 명령을 내리게 하셨다. 마태복음 13장 1-9절에서 군중들에게 씨 뿌리는 자의 비유를 말씀하신 예수님은 13장 10-17절에서 제자들에게 비유를 설명해 주실 때, 이 저주스러운 명령을 상기시키셨다. 예수님은 하나님의 말씀을 듣고 깨달을 수 있는 능력은 하나님의 말씀을 받을 준비가 된 사람에게 하나님께서 주시는 것이라고 가르치셨다(마 13:11-12). 예수님의 제자들은 듣는 귀와 보는 눈이 있었기 때문에, 구약의 선지자들이나 의인들보다 더욱 큰 축복을 받았다. 이

가르침은 예수님께서 무리들에게 주셨고, 나중에 이들에게
도 주실 도전적인 명령을 이해하는데 도움이 된다. "귀 있는
자는 들으라"(마 13:9). 하나님은 하나님의 말씀을 통해 듣
는 은총을 주신다. 귀가 먹고 말 더듬었던 사람처럼, 우리는
모두 하나님의 말씀을 이해할 수 있는 능력을 은혜의 선물로
받았다. 예수님께서 우리를 위해 듣는 귀를 열어주셨다.

주님은 우리를 위하여
모든 거룩한 말씀을 기록하게 하시며,
우리에게 가르침을 주셨나이다.

V

권위 있게 말씀하시다

"이는 그 말씀이 권위가 있음이러라"

누가복음 4:32

차원이 다른 권위!, 차원이 다른 능력!, 영적 권위!, 영적 능력! 그렇기 때문에 하나님 말씀의 영향력이 인간의 말의 영향력과 차원이 다른 것이다. 이것이 성경이 다른 모든 책과 구별되는 이유다.

말에는 두 가지 종류의 인격화된 힘이 있다. 다른 사람에게 힘을 실어주는 힘과 힘을 빼앗는 힘이다. 하나는 자기주장이 강하고 구속받지 않는 독립적인 힘이며, 순종과 순응을 강요하는 강압적인 힘이다. 사람들은 이러한 힘을 행사하여 타인을 희생시킴으로써 자신의 힘을 유지한다. 이는 타인의 힘을 빼앗는 데서 비롯되기 때문에 본질적으로 학대 행위다. 이러한 힘은 타인을 조종하고 따돌리고 억압하고 착취하며, 괴롭히고 파괴하는 데에 매우 자주 사용된다. 악한 자들과 마귀의 힘이 바로 이와 같다.

반면에 다른 사람들에게 유익을 주고 힘을 실어주는 데 사용되는 건설적인 힘도 있다. 이 힘은 정식으로 인정된 힘이며, 서로 협의하고, 상호 의존하는 힘이다. 이처럼 친절한 힘을 행사하는 사람들은 경찰이나 판사처럼 일정한 업무에 대한 책임과 함께 제한된 형태로 권한을 행사한다. 그들은 상위 권위에 소속되어 정해진 범위 내에서 말하고 행동할 수 있는 권한을 가지고 있다. 권위를 가진 사람은 다른 사람들에게 권한을 위임함으로써 자신의 권위를 높인다. 다른 사람들에게 힘을 실어주는 데 권위를 사용함으로써 오히려 자신이 권위를 얻게 되는 것이다. 하나님과 예수님의 권세가 바로 이런 것이다.

선지자들의 말과 사도들의 말처럼 예수님의 말씀은 하늘에 계신 아버지의 말씀을 인간의 언어로 번역한 것이기에 그 말씀대로 행할 수 있는 권능을 가졌다. 하나님의 성육신 하신 아들로서 예수님은 하나님의 권위 아래 계신 분이셨다. 그분은 자신의 의지로 말하고 행동하지 않으시고 하나님께 순종하셨다. 이것이 바로 예수님께서 권세와 능력, 곧 성부 하나님의 권세와 성령 하나님의 능력으로 말씀하실 수 있었던 이유다.

예수님께서 어떤 권세를 가지고 계셨는지 보여주는 두 가지 이야기가 있다. 첫 번째는 마가복음 1장 21-27절에 기록된 예수님의 초기 사역이다. 예수님은 처음 네 명의 제자를 부르신 후, 그들을 데리고 가버나움의 회당에 들어가 모인 회중들에게 복음을 가르치셨다. 예수님의 말씀을 들은 사람들은 예수님께서 확실한 권위를 가지고 가르치시는 모습에 놀라움을 금치 못했다. 그들은 예수님께서 자신의 권세를 사용하셔서 "잠잠하고, 그 사람에게서 나오라"는 두 가지 간단한 명령으로 더러운 귀신을 쫓아내자 더욱 놀랐다. 예수님의 권세는 언어적이며 영적인 것이었다. 그분은 하나님의 말씀을 가르치고, 영적으로 무력한 사람들을 구원하는 데에 그 권세를 사용하셨다.

두번째 이야기는 마태복음 8장 5-13절에 기록되어 있다. 한 로마 백부장이 중풍병에 걸려 고통에 시달리는 하인을 고쳐달라고 예수님께 간청하는 이야기다. 예수님께서 하인의 병을 고치기 위해 백부장과 동행하겠다고 말씀하시자(마 8:7), 백부장은 자신이 예수님을 영접할 자격이 없기 때문에 친히 방문하실 필요가 없다고 예수님을 만류했다. 백부장은 예수님께서 하신 약속을 믿었기 때문에 예수님의 말씀 한 마디면 하인을 고칠 수 있다는 것을 알고 있었다. 그래서 백부장은 "말씀으로만 하옵소서 그러면 내 하인이 낫겠사옵나이다"(마 8:8)라고 말한다. 예수님의 말씀 한 마디에 대한 백부

장의 믿음은 로마 군대 내에서의 그의 계급과 로마 황제에
대한 충성심에서 비롯된 것이다. 군대가 지휘관의 명령을 따
르고 황제에게 충성하는 것처럼 예수님도 신적 권위를 가진
분이시기에 그 권위를 행사하실 수 있다고 믿었던 것이다.
실제로 예수님의 말씀은 하인을 치유할 수 있는 권세를 가지
고 있었다. 그래서 예수님은 약속에 대한 그의 믿음을 칭찬
하시며 "가라 네 믿은 대로 될지어다"(마 8:13)라고 말씀하
시며 하인을 고쳐주셨다. 예수님은 자신의 명령을 통해 백부
장의 하인을 고치셨다. 예수님께는 신적인 권위가 있기 때문
에 그분의 말씀에는 믿음을 불러일으키고 병을 낫게 하는 치
유의 능력이 있다. 마태복음 9장 29절에서 두 맹인에게도 같
은 명령을 사용하셨고, 15장 28절에서 귀신 들린 딸을 둔 가
나안 여인에게도 비슷한 명령을 사용하셨다.

예수 그리스도의 말씀의 능력은 하나님 아버지께서 그분
에게 부여하신 권세에서 비롯된다. 성부 하나님께서 자신의
권위를 예수님께 위임하여 하늘과 땅의 모든 권세(마 28:18)
와 만민을 다스리는 권세(요 17:2)를 주셨다. 하나님은 예수
님에게 자신을 대신하여 말하고 행동할 수 있는 권한을 주셨
다. 그래서 예수님께서 요한복음 12장 49절에서 "내가 내 자
의로 말한 것이 아니요 나를 보내신 아버지께서 내가 말할

것과 이를 것을 친히 명령하여 주셨으니"라고 말씀하신 것이
다. 이후에 예수님은 "내가 너희에게 이르는 말은 스스로 하
는 것이 아니라 아버지께서 내 안에 계셔서 그의 일을 하시
는 것이라"(요 14:10)고 덧붙이셨다. 예수님은 아버지를 대
신하여 아버지의 권위 아래에서 말씀하시므로, 하나님께서
는 예수님의 말씀을 통해 일을 행하신다. 예수님은 자신의
말씀이 아니라 자기를 보내신 아버지의 말씀을 전하시기 때
문이다(요 14:24).

　예수님은 아버지의 일을 하시고 아버지의 말씀을 전할 권
세를 가지고 계신다. 그분은 제자들의 생명을 구하기 위해
자신의 목숨을 희생할 권세를 가지고 계신다(요 10:18). 이
처럼 예수님은 죄를 용서하시고(마 9:6, 8) 귀신을 쫓아내는
(막 1:27) 권세, 병과 질병을 고치고(마 10:1) 모든 믿는 자에
게 영생을 주시는(요 17:2) 권세를 가지고 계신다. 예수님은
세상을 심판할 수 있는 신적인 권세를 가지고 계시기 때문에
말씀을 듣고 믿는 모든 사람에게 영생을 주신다(요 5:19-
30). 생명을 주는 그분의 말씀을 거부하고 믿지 않는 사람들
은 스스로 영원한 죽음을 선고 받는다(요 3:17-18, 5:29,
12:47-48). 그들은 마치 생명을 구할 수 있는 의학적 치료
를 거부하는 말기 암환자와 같다. 그들의 죽음은 스스로 자
초한 것이다.

하나님의 말씀

예수님의 권위가 인간의 권위와 다른 것처럼, 그분의 말씀의 능력은 인간의 말이 가진 능력과 차원이 다르다. 인간의 말의 영향력은 말하는 사람의 정신, 즉 인격과 활력, 친화력과 에너지, 자신감과 지적 수준, 표현력과 감수성, 지혜와 재치에 따라 달라진다. 그러나 신적인 말의 영향력은 성령님의 능력에 달려 있다. 성령님은 인간이 말할 때 나오는 숨결처럼, 하나님의 말씀에 생기를 불어넣는다. 성령의 영감을 받은 하나님의 말씀은 말하는 사람과 듣는 사람 모두에게 동일한 성령으로 영감을 준다. 성령님은 하나님의 말씀이 말씀하신 대로 행하고 약속하신 대로 이루어지도록 힘을 불어 넣으신다.

하나님의 말씀은 그분의 영과 결합되어 있기 때문에 영적으로 효과적이고 강력하다. 그것이 나의 말과 하나님의 말씀이 다른 점이다. 예를 들어, 내가 병원에 있는 아픈 환자를 찾아가서 "빨리 나으세요!"라고 말해도 별다른 변화가 일어나지 않는다. 기껏해야 내 말은 환자를 잠시 위로할 수 있을 뿐이다. 하지만 예수님께서 그 환자에게 똑같은 말씀을 하시면, 그들은 치유된다. 같은 말이지만, 다른 효과가 나타난다! 차이점은 예수님의 말씀은 신적인 권위와 능력, 즉 성령의 능력으로 말씀하신다는 것이다. 그 말씀은 기적을 일으킨다. 실제로 예수님이 신적인 권위를 가지고 복음을 선포하는 것이면 언제 어디에서나 기적이 일어난다. 기적은 예수님의 정체성과 권위에 대한 증거가 된다(눅 7:18-23).

요한은 하나님의 말씀과 성령님의 은사 사이의 연관성을 이렇게 정리한다. "하나님이 보내신 이는 하나님의 말씀을 하나니 이는 하나님이 성령을 한량 없이 주심이니라 아버지께서 아들을 사랑하사 만물을 다 그의 손에 주셨으니"(요 3:34-35). 먼저 "하나님이 보내신 이"는 두 가지 의미로 받아들여야 한다. 먼저 예수님을 가리키는 것이고, 그 다음은 그분의 사도들과 사역자들을 가리킨다. 이것은 아버지 하나님께서 하늘에서 땅으로 영적인 은사를 전달하는 방식을 보여준다. 우리에게는 아버지로부터 아들에게, 아들은 제자들에게, 그리고 제자들은 또 다른 제자들에게로 전달되는 언어적 연결고리가 있다. 이러한 연결고리는 아들에 대한 아버지의 사랑에 기초한다. 아버지는 아들을 사랑하기 때문에 아들에게서 아무것도 받지 않으시고, 그와 그에게 속한 사람들에게 자신의 모든 것을 주신다.

그래서 한편으로 하나님은 아들을 보내셔서 하나님의 말씀을 전하게 하시고, 제자로 삼으신 이 땅의 모든 사람에게 성령을 주신다. 아들은 이 말씀을 전함으로써 그분의 말을 듣고 믿는 이들에게 성령을 주신다. 그 성령님은 한량이 없으시고 완전하시다! 아들은 자신이 전하는 말씀과 말씀을 전

할 때 주시는 성령을 통해 하나님 아버지의 선물을 그들에게
전달해 주신다. 다른 한편으로, 하나님 아버지께서는 더욱
놀랍게도 다른 사람들에게 하나님의 말씀을 전함으로써 예
수님과 함께 성령이 주시는 모든 선물을 다른 사람들에게도
전하도록 명령하셨다. 이 말씀을 듣고 믿는 사람들은 성령을
받고 예수님께 속한 모든 것을 얻게 된다.

예수님은 아버지의 권세와 성령의 능력으로 말씀을 듣고
믿는 사람들을 구원하실 수 있다. 그분은 사회 정치적 혁명
을 일으킬 권한이 아니라 사람들을 죄와 사망에서 구원하여,
왕 되신 하나님의 가족의 일원이 되게 하고, 함께 사역할 수
있도록 준비시킬 수 있는 권한을 부여 받으셨다. 예수님은
자신의 권위를 사용하여 사람들에게 자신을 섬기도록 강요
하지 않으시고 오히려 하늘의 은사들을 그들에게 전달해 주
셨다. 거룩하신 하나님 아버지의 성육신 하신 말씀으로써 예
수님은 자신의 신적인 지위와 영적 자원을 그들에게 주셨다.
예수님은 말씀을 통해 사람들에게 하나님의 자녀가 될 수 있
는 권세와 자격과 능력을 주신다(요 1:12). 그분의 말씀에는
이 모든 것을 성취할 수 있는 권세와 능력이 있다.

요한복음 17장에서 예수님께서 제자들을 위해 하신 기도
에는 하늘의 은사들을 이 땅에 나누어주는 거룩한 명령을 담

고 있다. 하나님 아버지는 아들에게 이 땅의 사람들에게 영
생을 줄 수 있는 권세를 주셨고(요 17:2), 그분이 해야 할 사
역을 주셨으며(요 17:4), 이름을 주시고(요 17:12), 하나님의
아들의 영광(요 17:22)과 하나님의 말씀(요 17:8, 14), 그리
고 제자들(요 17:6, 9, 24)을 주셨다. 그 결과 제자들도 그분
의 말씀을 받고(요 17:7), 그분을 믿음으로써(요 17:20) 모든
것을 얻게 되었다. 하나님의 말씀에는 이 모든 것을 성취할
수 있는 능력이 있다. 이 연결고리는 명령을 주고 받는 상명
하복의 연결고리가 아니라 하나님의 사랑을 주고 받는 초월
적인 과정, 곧 하나님의 사랑을 전하고 받아들이는 매개체가
된다(요 17:26).

VI

그리스도의 말씀

"말씀이 네게 가까워 네 입에 있으며 네 마음에 있다 하였으니"

로마서 10:8

신학생시절 참석했던 목회자 컨퍼런스에서 있었던 흥미로운 사건이 기억난다. 설교에서 하나님의 말씀을 어떻게 적용할 것인가에 대한 토론에서, 한 저명한 신학자가 방향이 흐트러진 토론의 초점을 다시 맞추기 위해 "나는 항상 그리스도와 복음에 대해 설교합니다"라고 말했다. 그러자 그의 동료인 헤르만 세스라는 신학자가 마이크를 잡고 말하기를, "나는 일평생 목회자로 살아오면서 그리스도와 복음에 대해 설교한 적은 단 한 번도 없습니다. 나는 오직 그분과 그분의 복음만 설교해왔습니다."

이 주장을 통해 그는 모든 성경을 예수님에 대한 증언으로 해석해야 한다는 필요성을 언급하는 것을 넘어, 훨씬 더 대담한 주장을 펼쳤다. 그의 주장은 하나님의 말씀을 선포한다

는 것은 그리스도와 그분께서 그분의 말씀을 듣는 이들에게
주시는 은총을 전달하는 것을 의미한다는 것이다. 예수님에
대한 복음은 단순히 예수님에 대한 메시지가 아니라 듣는 이
들에게 예수님을 전하는 메시지다. 그것이 복음의 목적이다.
복음 메시지란, 결국 예수님을 우리에게로 모시고 오는 것이
다. 이 메시지를 통해, 부활하신 예수님은 우리에게 오셔서
자신을 내어 주신다. 그분과 그분이 보내신 설교자의 말을
듣는 사람들은 그분과 그분을 보내신 아버지를 영접하는 것
이다(마 10:40, 눅 10:16, 요 13:20).

　예수님은 돌아가시기 전날 밤에 제자들에게 그들을 고아
로 남겨두지 않을 것이며, 제자들에게 오셔서 그들이 자신
을 보고 함께 생명을 나눌 수 있도록 할 것이라고 말씀하셨
다. 예수님은 그들에게 자신을 나타내심으로써 아버지의 사
랑을 나누셨다(요 14:19-20). 유다가 어떻게 하면 세상은
보지 못하지만 그들에게는 예수님을 나타내 보이실 수 있는
지 물었을 때, 예수님은 다음과 같은 놀라운 말씀을 하셨다.
"누구든지 나를 사랑하는 사람은 내 말을 지킬 것이다. 그리
하면 내 아버지께서 그 사람을 사랑하실 것이요, 내 아버지
와 나는 그 사람에게로 가서 그 사람과 함께 살 것이다. 나
를 사랑하지 않는 사람은 내 말을 지키지 아니한다. 너희가
듣고 있는 이 말은, 내 말이 아니라, 나를 보내신 아버지의

말씀이다."(요 14:23-24 새번역성경) 예수님의 말씀은 예수님의 죽음과 부활 이후에도 제자들을 찾아오실 뿐만 아니라 그들과 함께 거하시는 통로가 된다. 예수님의 말씀을 통해, 예수님과 하나님은 이 땅에서 그분과 함께 거할 하늘의 집을 사모하며 살아가는 사람들에게 주실 집을 만들기 위해 오실 것이다. 그래서 아버지께서는 예수님의 말씀을 통해 우리에게 그분의 사랑을 보여주시고 말씀해 주신다. 우리가 예수님을 사랑하고 그분의 말씀에 귀를 기울이면, 아버지께서는 그분이 아들을 사랑하시는 것처럼 우리를 사랑해 주실 것이다. 그분의 말씀을 믿는 믿음을 통해 우리는 예수님과 하늘에 계신 아버지가 우리와 함께 하심을 받아들이게 될 것이다. 사랑에 빠진 사람들과 마찬가지로, 예수님에게 있어서도 말은 자신을 내어주는 도구이자 자신을 드러내는 도구다. 예수님의 말씀은 곧 아버지의 말씀이다. 그래서 말씀은 두 분 모두를 드러내고, 두 분 모두를 나타낸다.

하나님의 말씀이 예수님에 대해 알려주신다는 것은 사실이다. 말씀은 우리에게 예수님에 대한 정보를 제공한다. 그러나 말씀은 그보다 훨씬 더 많은 유익을 준다. 예수님은 사역 초기에 가버나움의 의심 가득한 무리에게 자신을 선포하시고(눅 4:16-21), 부활절 저녁 엠마오로 내려가던 낙심한 두 제자에게 모든 성경이 자신에 대하여 말하고 있는 것임을

풀어 설명해 주셨던 것처럼(눅 24:27) 말씀을 듣는 이들에게
자신을 전하셨다(엡 2:17). 그분이 우리에게 하시는 말씀은
그분의 친밀함, 즉 우리와 함께하시는 그분의 실재와 분리될
수 없다. 그분은 메신저이자 메시지가 되신다. 그분의 말씀
은 우리와 함께 임재하심을 통해 그 효력을 발휘한다. 그분
은 말씀을 통해, 자신이 하신 일을 우리에게 말씀해 주실 뿐
만 아니라, 지금 우리를 위해 무엇을 하고 계시고, 무엇을 우
리에게 주고 계시는지 말씀해 주신다. 이 말씀은 우리에게
있어서 복음이다. 왜냐하면, 이 말씀이 선포됨을 통해 우리
는 그분을 만나고 그분과 계속 접촉하게 되기 때문이다.

고대 세계에서 왕은 자신이 보낸 사자를 통해 백성들과 소
통했다. 이 메신저들은 왕을 대신하고 대변했다. 전령은 왕
과 왕에 관한 좋은 소식, 곧 왕의 대관식이나 왕위 계승자의
탄생, 정치범이나 세금 체납자에 대한 사면, 적에 대한 승리
나 임박한 왕의 방문과 같은 기쁜 소식을 전하는 왕의 메신
저다. 전령이 전하는 마지막 종류의 선포는 왕의 임박한 방
문을 알릴 뿐만 아니라 왕이 실제로 도착하여 그들의 청원을
받고 그들에게 호의를 베풀기 위해 그들과 함께 있음을 알리
는 것이었기 때문에 일반 백성들에게 가장 환영 받았다.

신약성경에서는 우리의 구원을 알리는 메시지를 왕의 방

문을 의미하는 헬라어를 사용해 표현한다. 신약성경은 세례 요한이 메시야의 오심이 임박했음을 선포하고(막 1:4), 예수 님께서 메시야로서 왕이신 하나님의 통치를 선포하는 것을 묘사한다(막 1:14-15). 또한 신약성경은 초대교회의 전도자 들과 사도들이 부활하신 주님을 선포하는 내용도 담고 있다 (예: 행 8:5, 9:20). 그들은 하늘의 선물을 이 땅의 사람들에 게 전달하기 위해 그분의 임재를 선포했다. 그래서 바울은 고린도후서 1장 19절에서 자신과 동료 목회자인 실루아노와 디모데가 고린도 사람들 가운데 임재하신 예수님을 그들의 왕이자 왕이신 하나님의 아들로 선포했다고 강조한다. 잠시 후, 4장 5-6절에서 그는 그들의 복음 전파에 대해 이렇게 덧 붙인다. "우리는 우리 자신을 전하는 것이 아니라, 예수 그 리스도를 주님으로 선포합니다. 우리는 예수로 말미암아 우 리 자신을 여러분의 종으로 내세웁니다. '어둠 속에 빛이 비 쳐라' 하고 말씀하신 하나님께서, 우리의 마음 속을 비추셔 서, [예수] 그리스도의 얼굴에 나타난 하나님의 영광을 아는 지식의 빛을 우리에게 주셨습니다."(새번역성경) 하나님의 영광은 예수님 안에서 그분의 백성들과 함께하는 그분의 분 명하고 친밀한 임재다. 그러므로 그들의 설교는 고린도에 있 는 그리스도인들에게 감추어진 빛, 곧 예수님과 하나님 아버 지의 빛나는 임재를 드러냈다. 설교를 통해 청중들은 예수님

과 직접 대면하게 되었고, 예수님 안에 비친 하나님의 영광
을 볼 수 있었다.

로마서 10장 5-17절에서 바울은 그리스도께서 복음 선포
를 통해 어떻게 사람들에게 다가가시는지 설명한다. 그는 신
명기 30장 11-14절에 나오는 하나님의 백성에게 주신 명령,
곧 그들에게 생명을 주시는 하나님의 명령인 말씀을 통해,
그들에게 주신 생명의 선물과 그 안에 담긴 하나님의 음성에
대한 관심에 기초하여 가르친다(신 30:10, 12, 16). 바울은
그들이 하나님의 말씀을 듣고 행할 수 있도록 하나님의 말씀
이 그들과 가까이 있으며, 그 친밀한 말씀이 그들의 입과 마
음에 있다는 모세의 언급에 초점을 맞추고 있다. 새로운 하
나님의 백성들에게도 마찬가지다. 그리스도의 말씀과 그리
스도 자신이 이제 신자들의 입과 마음에 임재하신다. 그리스
도께서 이미 모든 사람을 위해서 이 땅에 성육신하셨기 때문
에, 누구도 하늘에 올라가 그리스도를 땅으로 내려오시게 할
필요가 없다. 하나님 아버지께서 그분을 죽은 자 가운데서
살리셨기 때문에 그들은 그분을 살리기 위해 무덤으로 내려
갈 필요도 없다. 이제는 오히려 그들이 그분의 말씀을 듣고
믿을 때, 그리스도께서 그들의 마음과 입에 거하시는 것처
럼, 말씀을 통해 부활하신 주 예수 그리스도를 그들에게 보
내주신다.

부활의 메시지와 그리스도에 대한 믿음을 통해 그들은 그분과 그분의 축복을 받는다. 그들이 선포된 그리스도의 말씀을 들으면, 그 말씀이 그들의 마음에 들어가 그들을 신자로 만든다. 선포된 그리스도의 말씀은 그리스도를 믿고 의지하는 사람들에게 생명을 준다. 그리스도의 말씀이 그들에게 믿음을 낳고 자라게 하는 믿음의 말씀이 되었기 때문에, 그들은 구원과 더불어 모든 풍성함을 주시는 그리스도를 그들의 주로 고백할 수 있다. 마음속에 그리스도를 선포하는 그리스도의 말씀은 그들이 고백하는 믿음의 말씀과 결합된다. 이 두 가지가 합쳐져서 그들이 주님께로 나아가는 다리가 되는 것이다.

바울은 사람들이 그리스도와 그분의 은총을 받기 위해 어떻게 그리스도께 나아갈 수 있는지 이야기 한다(롬 10:14-17). 하나님께서 복음을 통해 믿음을 주시는 과정에는 네 개의 징검다리가 있다. 예수님을 믿지 않는 사람들은 예수님을 부를 수 없고, 복음을 듣지 않으면 예수님을 믿을 수 없으며, 누군가 복음을 전하지 않으면 복음을 들을 수 없고, 하나님의 파송을 받지 않으면 복음을 전할 수 없다. 여기서 모든 단계는 그리스도와 그분의 말씀에 대한 믿음에 달려있다. 모든 과정이 그리스도와 그분의 말씀을 듣고 받아들이는 것에 달려있는 것이다.

하나님의 말씀

그리스도는 복음을 통해 그분을 믿는 사람들에게 그 자신과 그분의 선물을 전달하기 위해 오셨다. 초대교회의 영향력 있는 성경학자이자 교사였던 오리겐^{Origen}은 『요한복음 주석』에서 이렇게 말했다. "복음서가 전하는 내용은 선한 것들에 대한 약속에 비추어 생각해 보아야 한다. 그리고 우리는 이 복음서에서 사도들이 선포하는 선한 것들은 바로 예수님이라고 분명히 말할 수 있어야 한다."[1] 이 사실은 우리가 사복음서에서 그분의 말씀을 어떻게 들어야 하는지, 성경 전체를 어떻게 읽어야 하는지를 결정한다. 우리는 그분과 그분이 우리에게 주시는 것을 받아들일 준비가 된 열린 마음과 믿음으로 그분의 말씀에 다가서야 한다. 예수님의 복음과 그분에 대한 믿음이 없으면 우리는 하나님의 말씀을 잘못 사용하게 된다. 마르틴 루터$^{Martin Luther}$는 "복음서에서 무엇을 찾고 기대해야 하는 지에 대한 지침"에서 이를 명료하고 설득력 있게 설명한다. 그는 이렇게 말한다.

> "복음서가 포함된 책을 펼쳐서 그리스도께서 어떻게 여기 또는 저기로 찾아 오시는지, 또는 누군가가 어떻게 그리스도께로 인도함을 받는지를 읽거나 들을 때, 여러분은 그것을 그분이 여러분을 찾아 오시거나 여러분을 그분에게로 인도하시는 설교나 복음으로 받아들일 수 있

어야 합니다. 왜냐하면 복음을 전한다는 것은 그리스도
께서 우리에게 오시거나 우리를 그분께로 인도하는 것
이 전부이기 때문입니다. 그러나 그분이 어떻게 일하시
는지, 그리고 그분이 찾아오시거나 그분께로 인도하심
을 받는 사람들을 어떻게 도우시는 지를 볼 때, 믿음이
여러분 안에서 이것을 성취하고 있으며, 그분이 복음을
통해 여러분의 영혼에 똑같은 도움과 은혜를 주고 있다
는 사실을 확신하십시오. 만약 여러분이 이 지점에서 멈
추어 서서 그분이 여러분에게 선을 행하시도록 맡겨드
린다면, 말 그대로 그분이 여러분에게 유익과 도움을 주
시는 분이심을 믿는다면, 여러분은 정말로 그것을 얻게
되는 것입니다. 바로 그때, 그리스도는 여러분에게 선물
로 주어진 여러분의 소유가 되는 것입니다."[2]

우리가 그 말씀을 듣고,

VII

구원하시는 하나님의 말씀

"이 구원의 말씀을 우리에게 보내셨거늘"

사도행전 13:26

나는 구원을 받았는가? 만약 그렇다면 어떻게, 무엇으로 구원을 받은 것인가? 그렇지 않다면 구원을 받으려면 어떻게 해야 하는가? 이러한 질문은 절대로 무의미하고 이론적인 질문이 아니다. 이 질문에 대한 답은 영적인 삶과 죽음의 문제에 있어서 매우 현실적인 질문이다. 이 질문은 이 땅에서의 삶에 대한 확실한 근거를 제공할 수도 있고, 평생 불확실한 삶을 살게 할 수도 있다.

구원이 삶의 특정 시간과 장소에서 일회적인 회심 사건에 근거한다고 가르치게 되면, 신실한 신앙을 가진 사람일수록 심각한 문제가 생긴다. 만약 그렇다면 그들은 특별한 회심 경험이 있어야만 자신이 구원을 받았다고 확신할 수 있게 된다. 구원의 확신이 일회적인 회심 경험에 달려있기 때문이다.

나의 아내 클레어가 젊은 시절에 겪은 일을 통해 이를 설명해 보려고 한다. 그녀는 세 차례에 걸쳐 회심을 경험했다. 열세 살 때, 종교 수업 시간에 방문한 외부 강사의 레위기 설교를 통해 죄의 문제를 해결하기 위해 희생을 요구하시는 거룩하신 하나님과 모든 죄를 대속하기 위해 자신을 내어 주신 예수님에 대한 이야기를 들은 후, 그녀는 자리에서 일어나 자신을 죄에서 깨끗하게 해주실 예수님이 필요하다고 고백했다. 열다섯 살 때는 빌리 그레이엄의 순회 전도집회에 참석했다가 다시 한 번 가슴이 찢어지는 감동을 받고 예수님을 위한 결단을 내렸다. 열아홉 살이 되던 해에는 청소년 집회에 참석하여 다시 한 번 예수님께 헌신하기로 다짐했는데, 왜냐하면 당시 그녀가 자신의 미래와 삶의 방향을 인도하시는 하나님을 신뢰하지 못하고 있었음을 깨달았기 때문이다. 이 세 가지 사건으로 인해 그녀는 어떤 것이 진정한 회심이라고 말할 수 없었기 때문에 불확실한 상태에 놓이게 되었다. 그러다보니 그녀는 자신이 구원받았는지 조차도 의심하게 되었다. 그중 어느 것이 진정한 회심인지 의심스러웠기 때문에 영적으로 불안한 상태였던 것이다. 이 문제는 세계를 뒤흔든 종교개혁가 마르틴 루터^{Martin Luther}가 "그리스도인은 의롭게 된 죄인"이라는 가르침을 발견하기 전까지 해결되지 않은 채로 남아 있었다. 이처럼 그리스도인들은 매일, 그리고 평생 육체적 죽음과 부활을 통해서만 완성되는 회심을 반복적으로 경험하고 있다. 그래서 그녀는 자신이 한 번만 회심한 것이 아니라 세 번, 그리고 여러 차례 회심했다는 사실을 깨달았다. 또한 그녀는 자신의 구원과 구원의 확신이 모두 그리스도에 대한 개인적인 헌신이나 주관적인 경험에 달려 있는 것이 아니라, 자신을 구원하셨고, 구원하고 계시며, 구원하실 말씀, 모든 악한 세력으로부터 우리를 구원하고 안전하게 지켜주시는 말씀인 그리스도와 그분의 구원의 말씀에 달려 있다는 것을 발견했다.

바울은 로마교회에 보내는 편지의 서두에서, 그는 이렇게 말했다.

"내가 복음을 부끄러워하지 아니하노니 이 복음은 모든 믿는 자에게 구원을 주시는 하나님의 능력이 됨이라 먼저는 유대인에게요 그리고 헬라인에게로다 복음에는 하나님의 의가 나타나서 믿음으로 믿음에 이르게 하나니 기록된 바 오직 의인은 믿음으로 말미암아 살리라 함과 같으니라"(롬 1:16-17)

여기서 강조하는 것은 복음 전파를 통해 나타나는 신적인 능력이다. 바울은 이 구절에서 복음gospel이 가진 능력의 근원, 능력의 목적, 복음의 능력으로 구원받는 대상 등 세 가지에 대하여 말한다.

첫째, 복음은 **하나님의 능력**이다. 하나님께서는 복음을 통해 자신의 신적인 능력, "죽은 자를 살리시며, 없는 것을 있는 것으로 부르시는"(롬 4:17) 성령의 능력(롬 1:4)을 특별한 방식으로 사용하신다. 설교의 효과는 설교하는 사람의 능력이나 듣는 사람의 능력에 달려 있지 않다. 그 영향력은 오직 하나님께만 달려있다. 그 능력을 경험하는 사람들은 영적으로 한없이 연약하고 힘없는 사람들이다. 그들은 빈 손 외에 하나님께 드릴 것이 아무것도 없고, 오직 하나님으로부터 모든 것을 받을 뿐이다. 복음의 거룩한 능력을 통해 하나님은 그들에게 역사하시고 그들 안에서 일하신다.

둘째, 복음에는 **구원을 이루는 능력**이 있다. 하나님은 복음 외에 다른 방법으로도 그분의 능력을 나타내신다. 그분은 명령을 통해 우주와 그 안에 있는 만물을 창조하실 뿐만 아니라 그것들을 유지하고 다스리신다. 계명과 율례와 법도가 담긴 율법을 통해 모든 사람이 지켜야 할 것을 보여주시고, 그들의 죄를 드러내며 회개하도록 이끄신다. 그러나 율법이 그 모든 도덕적, 영적 능력에도 불구하고 죄인을 구원하고 하나님 앞에 바로 세우지 못하는 이유는, 이 율법의 성취가 죄인들과 죄인들의 부족한 능력에 의지하기 때문이다. 마치 걸으라고 명령하는 절름발이나 살아나라고 말하는 시체처럼, 죄로 가득한 사람들이 율법의 요구를 만족시킬 수는 없다. 오직 구원의 기쁜 소식인 복음만이 그렇게 할 수 있는 능력을 가지고 있고, 그들에게 생명과 구원을 줄 수 있다. 오직 복음만이 죄인을 영원한 파멸에서 구원하고 허물과 죄로 죽어 있는 사람들에게 생명을 줄 수 있는 힘을 가지고 있다. 복음은 구원을 위한 하나님의 능력이며, 죄를 용서하고 회개한 죄인을 의롭게 하는 말씀이다. 복음은 죄인들을 위한 예수님의 희생적인 죽음과 의롭다 하시기 위한 부활로 얻은 구원에 대하여 이야기할 뿐만 아니라, 실제로 그들이 어디에 있든지 값없이 주시는 구원의 은총을 얻게 하신다. 복음은 스스로 구원할 수 없는 사람들을 구원한다. 복음은 그들이 현재 받고 있는 구원의 말씀이며(고전 15:2), 앞으로 받게 될 구원의 말씀이다(행 11:14).

셋째, 복음은 **예수님께서 모든 사람을 위해 얻으신 구원을 모든 믿는 사람들에게 제공하고 전수**한다. 복음은 무력한 모든 사람에게 구원을 주는 것이지만, 오직 믿는 사람만이 그 구원을 얻는다. 구원과 믿음은 마치 선물을 주고받는 것처럼 서로 연결되어 있다. 복음이 선포된 것은, 구원을 주시는 하나님의 손이자 거룩한 수단인 반면, 복음을 듣고 믿는 믿음은, 구원의 능력을 경험하는 인간의 빈손이다. 따라서 인간의 관점에서 볼 때, 구원은 복음에 대한 믿음에서 비롯되며, 복음은 그 믿음을 창조하고 자라게 하기 위해 주신 것이다(롬 1:17).

복음 전파는 예수님으로부터 시작되어 예수님에 의해 계속된다. 그 선포는 이사야 선지자에 의해 예언되었다. 그는 복음이 하나님의 구원, 그분의 승리와 평화, 그분의 백성과 함께하심, 온 땅의 왕으로서의 통치를 선포하는 것이라고 말했다(사 52:7-10). 다윗의 후손으로 오실 메시야는 하나님의 영으로 기름부음을 받아 상심과 낙담, 억압과 감금과 불의, 죄책감과 슬픔과 수치심에서 구원을 얻기 위하여 하나님을 의지하는 가난한 자들에게 복음을 전할 것이다(사 61:1-4). 하나님은 복음을 전파하는 일을 그분에게 위임하실 것이다. 이 예언을 성취하기 위해 예수님은 세례를 받으신 후, 친히 하나님의 복음을 전파하셨으며(막 1:14, 행 10:36-38), 그다음에는 사도들과 다른 전도자들을 통해서 하나님의 복음을 전파하셨다(눅 24:46-47, 히 2:3).

마가복음 1장 15절에는 예수님께서 직접 말씀하신 복음이 요약되어 있다. "때가 찼고 하나님의 나라가 가까이 왔으니 회개하고 복음을 믿으라" 예수님은 세 가지를 말씀하신다.

첫째, 예수님은 세계사와 이스라엘 역사에 있어서의 결정적인 사건, 즉 하나님의 왕권을 반대하는 모든 악한 세력을 물리치시고 하나님의 놀라운 통치와 오랫동안 기다려온 하나님의 자비와 은혜, 정의와 공의, 용서와 평화가 하나님의 나라와 함께 이 땅에 도래했음을 선포한다. 이로써 새로운 시대, 곧 구원의 시대가 시작되었다.

둘째, 예수님은 자신이 하나님의 나라의 안내자라고 선언하신다. 게다가 그분은 자신이 왕이신 하나님의 아들이자 메시야라고 말씀하셨다. 그분이 복음을 전하는 시간과 장소에 하나님의 나라가 임한다. 그분은 복음, 즉 하나님 나라의 복음을 선포함으로써 하나님 나라가 임하게 하신다(마 4:23, 9:35, 24:14, 눅 4:23, 8:1). 예수님은 복음을 전파함으로써 실제 하나님의 통치를 드러내시며, 복음을 듣는 사람들이 왕이신 하나님의 아들과 딸로서 하나님과 함께하는 삶을 누릴 수 있도록 하신다.

셋째, 예수님은 사람들이 하나님 나라를 선물로 받는 방법으로 회개하고 복음을 믿으라고 말씀하셨다. 회개와 믿음은 불가분의 관계에 있으며, 죄가 하나님과 그분의 말씀을 불신하여 멀어지는 것이라면 회개는 하나님께로 돌아와 그분을 신뢰하는 것이다. 또한 회개는 복음을 신뢰함으로써 자

하나님의 말씀

신과 자신의 죄에서 돌이키고, 하나님과 그분의 말씀으로 돌아가 그분이 복음을 통해 주시는 것들을 받아 들이는 것이다. 누가복음 15장에 나오는 잃은 양, 잃어버린 동전, 잃어버린 아들과 같이 그들이 하나님께로 돌아올 수 있는 이유는 하나님께서 자기 아들을 보내셔서 그들을 자신에게로 돌아오게 하셨기 때문이다. 그들은 예수님이 잃어버린 자를 찾아 구원하러 오셨다는 사실을 알게 된다(눅 19:10).

마가는 이 하나님의 복음이 선포된 후, 처음 네 제자를 부르신 이야기를 통해 잃어 버린자를 찾아 구원하시는 과정을 간단하고 실제적으로 설명한다(막 1:16-20). 예수님은 "나를 따라오라 내가 너희로 사람을 낚는 어부가 되게 하리라"(막 1:17)고 말씀하시며 그들을 부르셨다. 이 말씀을 통해 예수님은 제자들을 구원의 길로 인도하시는 자신을 인격적으로 신뢰하게 하시고, 회개의 자리로 부르셨다. 이 강력한 부르심은 제자들에게 즉각적인 영향을 미쳤다. 그들은 그물과 동료를 버리고 예수님을 따랐다. 하나님의 나라는 율법과 그 율법의 요구에 순종함으로써 임할 것이라는 바리새인들의 가르침과는 달리, 그들은 예수님과 복음에 대한 믿음으로 하나님의 나라에 들어갔다. 그들은 예수님으로부터 하나님의 나라를 선물 받았다(막 10:15). 공생애 기간 동안 예수님은 세례부터 십자가에서 죽으실 때까지 하나님의 도움이 필

요한 사람들에게 말과 행동으로 구원을 가져다 주셨다. 그래
서 사복음서는 예수님이 하나님께서 주신 성령의 능력과 기
름부으심을 받으신 후, "선을 행하시고 마귀에게 눌린 모든
사람을 고치셨다"(행 10:38)라고 기록되어 있다. 예수님은
저마다 다른 환경에 처한 다양한 사람들을 굶주림과 좌절,
질병과 장애, 마귀와 악령의 지배, 사회적 외면, 하나님의 심
판에 대한 두려움, 죄, 심지어 죽음 자체에 이르기까지 삶을
황폐화시키고 멸망으로 이끄는 다양한 종류의 악으로부터
구원하셨다. 이 모든 현세적 구원의 행위는 최후의 심판 때,
영원한 죽음에 이르게하는 멸망으로부터 구원을 베푸실 것
에 대한 예표가 된다. 이 모든 구원의 역사는 구원의 메시지
가 되시는 예수님과 그분의 말씀에 의한 것이다.

　부활하신 주님은 사도들과 그들의 후계자들을 통해 구원
의 복음을 계속해서 전파하고 계신다(엡 2:17). 사도들은 예
수님께서 세상을 구원하시기 위해 자기를 희생하시기 전에
하신 말씀과 행적만 증거한 것이 아니라, 부활과 승천 이후
에도 계속 말씀하시고 행하신 일들까지 모두 증거했다(행
1:1, 히 2:3). 우리는 바울이 안식일에 비시디아 안디옥 회당
에서 했던 설교(행 13:16-41)를 통해 이러한 사실을 확인할
수 있다. 그곳에서 바울은 귀신들려 점치는 여종이 말한 것

처럼(행 16:17), 유대인들과 하나님을 두려워하는 이방인들
에게 "구원의 말씀"을 선포했다. 그가 전한 구원의 메시지는
세 부분으로 구성되어 있다. 이스라엘의 약속된 구세주로서
의 예수님께 초점을 맞춘 13장 23절을 중심으로, 이집트 노
예에서 구출하신 것부터 다윗을 왕으로 선택하신 것까지 하
나님께서 자기 백성을 어떻게 구원하셨는지에 대한 요약(행
13:16-25), 예수님의 죽음과 부활을 통한 하나님의 모든 구
원에 대한 약속의 성취(행 13:26-35), 믿는 사람들의 죄 사
함을 선포하고 거부했을 때의 무서운 결과에 대한 경고(행
13:38-41)가 바로 그것이다.

　이 메시지 선포에는 두 가지 측면, 곧 두 가지 차원이 있
는데, 하나는 인간적이고 눈에 보이는 것이고, 다른 하나는
신적이고 눈에 보이지 않는 것이다. 우선 인간적인 측면에서
바울은 회당에 모인 회중에게 구원의 기쁜 소식을 전한다(행
13:32). 그는 하나님께서 예수님을 보내심으로써 이스라엘
에 구원자를 보내시겠다는 약속을 지키셨고, 죽은 자 가운데
서 썩음을 당하지 않도록 예수님을 다시 살리시는 믿기 어려
운 방식으로 구원의 약속을 성취하셨다는 메시지를 선포했
다(행 13:26-37). 반면에 바울의 설교는 이어지는 놀라운 선
포에서 절정에 이른다. "그러므로 동포 여러분, 바로 이 예
수로 말미암아 여러분에게 죄 용서가 선포된다는 것을 알아

야 합니다. 여러분이 모세의 율법으로는 의롭게 될 수 없던 그 모든 일에서 풀려납니다. 믿는 사람은 누구나 다 예수 안에서 의롭게 됩니다."(행 13:38-39 새번역성경) 신약성경에서 흔히 볼 수 있듯이 이러한 수동형 동사가 사용되는 것은 하나님께서 대리자를 통해 은밀한 방식으로 일하고 계신다는 것을 의미한다. 그렇게 하나님께서는 바울이 전하는 구원의 메시지를 통해 회당에 모인 사람들에게 복음을 선포하셨다. 하나님은 예수라는 인간을 통해 복음을 선포하셨다. 그복음은 예수님의 거룩한 속죄, 하나님의 죄 용서, 죄로부터의 해방, 믿는 사람들에게 주어지는 의로움, 하나님의 율법을 범한 죄로부터의 해방을 선포한다. 예수님께서 "네 죄 사함을 받았느니라"(막 2:5, 눅 7:48)고 말씀하심으로 중풍병자와 죄 많은 여인을 자유롭게 하신 것처럼, 죄악의 권세와 죄책감에 매여 있는 회당에 속한 사람들에게 용서를 선포하심으로 자유롭게 하시기 위해 오셨다. 이 용서의 말씀은 최후 심판에서 선포될 하나님의 판결 내용을 미리 알려주는 것과 같다. 그러므로 이 말씀을 듣고 믿는 사람은 모든 정죄에서 자유로워진다. 이 말씀을 믿는 사람들은 하나님과 멀어지게 하는 죄로 인한 죄책감, 율법을 어긴 죄에 대한 형벌, 하나님의 율법을 빌미로 정죄하려는 마귀라는 세 가지 지독한 원수들로부터 자유로워진다.

그렇다면 누가 이 복음을 전하는가? 바울이 전했고! 예수님이 전하셨으며! 하나님 아버지께서 전하신다! 예수님은 자신의 대변자인 바울을 통해 회당에 모인 회중들에게 구원의 메시지이자 용서의 기쁜 소식인 복음을 전하게 하셨다. 그는 복음을 전함으로써 예수님을 믿는 사람들에게 하나님의 용서와 구원의 말씀을 전했다. 하나님께서 예수님의 십자가 사건을 통해 구원을 이루셨다는 이 구원의 메시지는 믿기 어려운 것이다(행 13:41). 하나님께서는 자기 아들이 십자가에서 받은 정죄와 수치스러운 죽음을 통해 사람들을 죽음에서 구원하셨음을 선언하셨다. 바울은 고린도전서 1장 17-31절에서 이 역설을 자세히 설명한다. 하나님은 그리스도 예수의 십자가와 "십자가의 말씀"(고전 1:18 새번역성경)을 통해 구원을 선포하심으로써 사람들을 구원하신다. 그분을 믿는 사람들은 그분에 의해 구원을 받는다. 그러므로 바울은 "십자가의 말씀이 멸망할 자들에게는 어리석은 것이지만, 구원을 받는 사람인 우리에게는 하나님의 능력입니다."(고전 1:18 새번역성경)라고 주장했다. 하나님께서는 지혜로우셔서 약함, 곧 그분의 아들의 약함과 그분의 말씀의 약함, 비천한 자들의 연약함과 그들의 믿음의 연약함을 사용하셔서 오히려 구원하시는 하나님의 능력으로 삼으셨다. 그래서 바울은 "하나님께서는, 지혜 있는 자들을 부끄럽게 하시려고 세상의 어리석은 것들을 택하셨으며, 강한 것들을 부끄럽게 하시려고 세상의 약한 것들을 택하셨습니다. 하나님께서는 세상에서 비천한 것들과 멸시받는 것들을 택하셨으니 곧 잘났다고 하는 것들을 없애시려고 아무것도 아닌 것들을 택하셨습니다. 이리하여 아무도 하나님 앞에서는 자랑하지 못하게 하시려는 것입니다."(고전 1:27-29 새번역성경)라고 결론지었다. 그러나 십자가에 못박히신 그리스도를 믿는 사람들은 그분 안에서 구원을 얻었기 때문에 그분 안에서만 자랑할 수 있다. 왜냐하면 오직 그분 안에 "의와 거룩함과 구원함"이 있기 때문이다(고전 1:30). 그리스도인들은 스스로 가진 것이 아무것도 없고, 모든 것을 주님으로부터 받은 이들이다. 그들은 그들의 구원을 위해 자신의 능력이 아니라 약한 데서 온전하게 하시는 그리스도의 능력에 의존한다(고후 12:9).

우리의 구원은 예수님께서 그분의 죽음과 부활을 통해 단번에 이루신 것이지만, 그 구원이 즉시 우리에게 전달되어진 것은 아니다. 이 구원은 복음을 통해 지금 우리에게 전달되었고, 그 복음을 믿는 믿음을 통해서 받아들이게 된다. 나의 아내가 그랬듯이 구원은 우리 인생에서 일회적으로 일어나는 사건이 아니다. 분명한 사실은, 구원이 우리에게 부분적으로 전달되는 것이 아니라 예수님 안에서 온전하게 전달된다는 것이다. 우리는 살아가는 동안에 계속해서 예수님을 통해 구원을 맛보고, 죽음과 부활의 때에 이르러 완전한 구원을 얻는다. 그분은 우리가 그분을 따르는 '구원의 길', 그분을 믿는 '믿음의 길', 평생 그분의 말씀을 '듣는 길'로 우리를 인도하신다.

이 진리는 야고보서 1장 21절에 잘 나타나 있다. 그는 자기 의로 가득 찬 분노의 위험에 대하여 경고한 후, "그러므로 더러움과 넘치는 악을 모두 버리고, 온유한 마음으로 여러분 속에 심어주신 말씀을 받아들여야 합니다. 그 말씀에는 여러분의 영혼을 구원할 능력이 있습니다."(약 1:21 새번역성경)라고 말한다. 그는 씨앗이 자라 나무가 되는 이미지를 통해, 우리가 구원을 위해 하나님의 말씀에 지속적으로 의존해야 한다는 사실을 설명한다.

과일나무의 일생에는 두 단계가 있다. 과일나무 씨앗이 땅에 심겨지면, 과일나무는 씨앗으로부터 생명을 받아 자라난다. 제자의 삶도 마찬가지다! 우리가 말씀을 들을 때, 하나님은 우리의 마음에 그분의 말씀을 심으신다. 그분은 우리에게 그것을 선물로 주신다. 그러나 그것이 끝이 아니다. 하나님의 말씀과 그 말씀이 우리에게 주는 선물을 받아들이지 않으면, 우리가 듣는 것은 아무 소용이 없다. 그래서 신약성경은 하나님의 말씀을 받아들이는 것에 대하여 여러번 강조한

다(행 8:14, 11:1, 17:11, 살전 1:6, 2:13). 겸손하게 말씀과 그
말씀이 우리에게 주시는 것을 받아들여야 성장하고 열매 맺
을 수 있다. 이것은 지속적인 영접의 과정이다. 왜냐하면 우
리에게는 구원의 열매를 맺는 것은 말할 것도 없고, 구원을
얻을 수 있는 능력이 없기 때문이다. 오직 하나님의 말씀만
이 우리의 영혼을 구원하는 능력이다. 우리를 구원하고 안전
하게 지켜주는 것은 결국 **하나님의 말씀**뿐이다.

VIII

생명을 주시는 하나님의 말씀

"주여 영생의 말씀이 주께 있사오니
우리가 누구에게로 가오리이까"

요한복음 6:68

 살아 있으나 죽은 사람들이 우리 주변 곳곳에 존재한다. 물론 어느 정도 비슷할 수는 있지만, 내가 말하는 살아 있으나 죽은 사람은 좀비나 유령을 말하는 것이 아니다. 의식이 없거나 혼수상태에 빠진 사람, 정신을 잃은 사람이나, 심지어 정서적으로 죽은 사람을 말하는 것도 아니다. 그보다는 영적으로 죽은 사람들이며, 허물과 죄로 죽은 사람들이다(엡 2:1). 우리도 한때 그런 사람이었고, 여전히 그때의 흔적에 시달려 온전히 살아 있지 않다고 느낄 때가 많기 때문에 그들은 우리에게 낯선 존재가 아니다. 하지만 우리는 그들이 죽지 않은 것처럼 보이기 때문에 의식하지 못한다. 인간적인 관점에서 그들은 육체적으로 살아 있고 겉으로 보기에도 활력이 넘친다. 그러나 그들은 죽었으며, 하나님에게는 한때 함께했던 사람들의 시신과 같이 죽은 것이다.

그들은 하나님을 거부했기 때문에 영적으로 죽었다(롬 6:23). 아담과 하와처럼 그들도 하나님의 경고의 말씀을 듣지 않고 금단의 나무에 열린 죽음의 열매를 먹었다(창 2:17, 3:1-11). 그들은 반역으로 인하여 나무에서 떨어져 나온 가지처럼 하나님이 주시는 영적인 생명으로부터 스스로 단절되어 버렸다. 그들은 스스로의 힘으로 초능력을 가진 슈퍼맨과 슈퍼우먼과 같은 불멸의 존재가 되려 하였기 때문에 영적인 생명 근원이 되시는 하나님으로부터 단절되는 영적인 자살을 저질렀다.

우리도 한때는 살아 있으나 죽은 자들 중 하나였다. 그러나 하늘로부터 거듭남으로 인하여 땅으로부터 난 삶이 변화되기 시작했다. 육신으로 태어나 죽을 수밖에 없는 우리가 물과 성령으로 거듭나 하나님과 함께 거하게 되었다(요 3:1-9). 우리는 세례를 받을 때, 우리에게 들려주신 복음, 곧 하나님의 살아 계신 말씀을 통해 거듭났다(벧전 1:3, 23-25). 말씀은 우리에게 썩지 않는 생명의 씨앗이며, 우리 안에 뿌려져 새로운 생명을 낳는다. 모든 선하고 완전한 선물을 주시는 하나님 아버지께서는 "그가 그 피조물 중에 우리로 한

첫 열매가 되게 하시려고 자기의 뜻을 따라 진리의 말씀으로 우리를 낳으셨느니라"(약 1:18)고 하셨다. 하나님은 세례를 통해 이 일을 하신다. 세례를 받는 순간 아담의 자손으로 태어난 우리는 하나님의 자손이 되고, 하나님의 아들 딸이자, 예수님의 형제 자매가 된다. 그렇게 우리도 부활하신 주님과 같이 하나님의 새로운 피조물에 속하게 되는 것이다(고후 5:17). 죽은 자 가운데서 제일 먼저 살아나신 예수님과 함께(골 1:18), 우리도 하나님의 새 창조의 첫 열매가 되었다. 우리의 거듭남은 옛 창조의 회복을 의미한다. 우리는 신약성경 안에서 이를 암시하는 내용들을 만나게 된다. 예수님은 마태복음 19장 28절에서 거듭남을 통해 하나님께서 지으신 세상을 새롭게 하시고, 바울은 디도서 3장 4-7절에서 세례를 통해 하나님께서 지으신 사람을 새롭게 하신다고 말한다.

아담이 하나님의 말씀으로 창조된 것처럼 우리도 말씀으로 재창조 된다. 하나님께서 아담에게 생기를 불어넣으신 것처럼(창 2:7), 예수님도 "성령을 받으라"(요 20:22)고 말씀하시며 우리에게 성령을 불어넣으신다. 우리는 예수님과 함께 죽음에서 생명으로 부활했다. 우리는 세례를 통해 그리스도의 죽음과 부활에 참여함으로써 예수님과 함께 거하게 되었다(롬 6:4, 엡 2:5). 우리는 하나님과 단절되어 있던 죽음에서 주님과 함께 생명으로 옮겨졌다(롬 6:13). 그리고 이 생명

하나님의 말씀

은 이미 영이요 생명이신 예수님의 생명력 있는 말씀을 통해 이 세상에 주어졌다(요 6:63).

대부분의 순진한 그리스도인들처럼, 나도 어렸을 때는 그리스도께서 나에게 두 가지를 주셨다고 생각했다. 용서를 통해 주시는 천국행 티켓과 사후에 얻게 되는 생명이다. 그때는 이 두 가지 선물이 지금의 삶에도 영향을 미친다는 사실을 거의 깨닫지 못했다. 그러다가 10대 후반쯤에 친한 친구의 어머니가 갑작스럽게 돌아가시는 일을 겪으며 큰 충격을 받았다. 그때 처음으로 죽음과 마주했다. 영적으로 혼란스러운 상태에서 나는 요한복음 전체를 읽고 그 안에 있는 생명에 대한 모든 내용을 유심히 살펴보았다. 그러던 중 한 구절이 나의 마음을 사로잡았고 나에게 개인적으로 말을 건네는 것 같았다. 그때부터 지금까지 이 구절은 나의 영적인 버팀목이자 좌우명이 되었다. 예수님께서 요한복음에서 엄숙히 선언하신 바로 이 말씀이다. "내가 진실로 진실로 너희에게 이르노니 내 말을 듣고 또 나 보내신 이를 믿는 자는 영생을 얻었고 심판에 이르지 아니하나니 사망에서 생명으로 옮겼느니라"(요 5:24). 내가 읽은 것을 다 이해하고 받아들이기는 어려웠다. 사실 나는 여전히 이 말씀을 통해 예수님께서 나에게 주시려는 것과 요구하시는 것을 찾아가고 있다.

주님은 내가 다시는 죽음을 다시 보지 못할 것이며, 현세와 내세의 괴로움을 맛보지 않을 것이라고 말씀하셨다(요 8:51-52). 만약 그 약속이 사실이라면, 그리고 그 약속이 거짓이라고 믿을 이유가 없다면, 예수님은 이미 지금도 나에게 영생을 주고 계신 것이다. 그리고 그보다 더 좋은 것은, 내가 예수님의 말씀을 듣고, 그것이 하나님 아버지께로부터 받은 말씀인 것을 믿는다면, 지금부터 영원토록 그분이 말씀하시는 심판과 정죄의 말씀을 두려워할 필요가 없다고 약속하셨다는 사실이다.

내가 발견한 놀라운 사실은 이것이다. 예수님의 제자인 우리가 그분과 그분의 말씀을 믿고 영생을 받아 누리는 것은 그분과 그분의 말씀에 달려있다는 것이다. 예수님의 말씀을 믿는 믿음으로 우리는 이미 죽음 이전의 삶과 죽음 이후의 삶, 곧 영생을 얻었다. 하나님께서 종살이하던 죽음의 땅에서 이스라엘 백성을 건져내어 약속의 땅에서 함께 살게 하신 것처럼, 우리 또한 죽음에서 생명으로 옮겨졌다. 이제 죽음은 우리 뒤에 있다! 우리 앞에는 오직 생명이 있을 뿐이다. 따라서 우리는 생명에서 죽음으로 향하는 여행자가 아니라, 오히려 예수님과 함께 죽음에서 생명으로 향하는 여행자와 같다. 우리는 계속해서 자라나며, 끝없이 영원하고, 점점 더 풍성해지는 생명을 향해 여행한다. 그리고 이 모든 것은 생

하나님의 말씀

명을 주시는 예수님의 말씀을 통해 이루어진다!

우리의 인생 이야기는 사복음서에 나오는 죽음을 앞두고 있거나 죽었던 사람들의 이야기와 매우 비슷하다. 요한복음 4장 46-54절에 나오는 죽음의 문턱에 있던 한 왕의 신하의 아들이 예수님의 약속의 말씀을 통해 어떻게 되살아나게 되었는지 떠올려 보라. "가라 네 아들이 살아 있다." 누가복음 8장 40-42절, 48-56절에 나오는 야이로의 딸이 예수님께서 도착하시기 전에 이미 죽었으나, 예수님께서 "아이야, 일어나라"고 말씀하신 것을 상상해 보라. 누가복음 7장 10-17절에 나오는 나인성 과부의 아들이 죽어 장사 지내러 나가는 길에, 예수님께서 "청년아 내가 네게 말하노니 일어나라"(눅 7:16)는 명령으로 어떻게 그를 살리셨는지 생각해 보라. 요한복음 11장 1-46절에 나오는 예수님의 친구 나사로가 죽은 지 나흘만에 예수님께서 "나사로야, 나오라"(요 11:43)는 말씀으로 어떻게 그를 다시 살렸는지 묵상해 보라. 이들처럼 우리도 그리스도의 말씀으로 인하여 부활하고, 생명을 유지한다.

하나님의 말씀은 살아 계신 하나님의 살아 있는 말씀이다 (히 4:13, 벧전 1:13). 이는 구약의 모세와 선지자들, 신약의 예수님과 사도들을 통해서 말씀하신 모든 말씀에 해당된다.

하나님은 모든 생명체에게 육체적인 생명을 주시고, 하나님의 백성들에게는 영적인 생명을 주시는 말씀, 곧 생명의 말씀을 주신다. 그래서 모세는 신명기 8장 3절에서 모든 사람은 하나님의 입에서 나오는 모든 말씀으로 산다고 선포한 것이다. 하나님의 말씀은 그들에게 생명을 주고, 그들을 살아있게 한다. 하나님께서 모세에게 주신 모든 말씀은, 그것이 이 땅을 살아가는 인간의 삶을 위한 규례(레 18:3)이든, 하나님의 백성들이 하나님과 함께 약속의 땅에서 살아가기 위해 주신 계명과 그에 따른 언약(신 6:2, 24, 8:2, 30:15-20, 32:47-48)이든, 다 살아 있는 말씀이다(행 7:28). 하나님 자체로 그들의 생명(신 30:20)이 되시기 때문에, 하나님의 말씀이 곧, 그들의 생명이다(신 32:47). 그렇기 때문에 시편 119편의 저자는 하나님의 말씀에서 생명을 찾는다(시 119:25, 50, 93, 107, 116, 144, 156, 159). 하나님의 말씀에 대한 그의 모든 묵상은 "내 영혼을 살게 하소서"(시 119:175)라는 간구로 절정에 이른다. 그럼에도 불구하고 모세와 선지자들의 말은 그 자체로 영생이 되거나 영생을 주지 못하며, 새로운 세상의 사람들에게 하늘의 생명을 주거나, 다가올 시대의 새로운 생명을 가져다주지 못한다. 그것은 오직 예수님에게서만 얻을 수 있다(요 5:37-40). 예수님은 옛 언약에서 하나님의 백성들에게 약속된 것을 주신다(행 13:32-33). 예

하나님의 말씀

수님은 사도들에게 먼저 영생의 말씀을 전하시고(요 6:68), 사도들을 통해 다른 사람들에게도 영생의 말씀을 전하신다 (행 5:20, 빌 2:16, 요일 1:1-2). 하나님께서 다니엘을 통해 자기 백성에게 주시겠다고 약속하신 영생의 선물(단 12:2)이 이제 그리스도의 말씀을 통해 우리에게 드러나게 된 것이다 (딛 1:2-3).

그러므로 우리가 지금 누리고 있는 영적인 생명은 예수님으로부터 온 것이다. 우리에게 성령과 성령이 가져다주는 생명은 오직 그리스도 안에서만 가능하다. 그리고 예수님은 그분의 말씀과 그분의 말씀에 대한 믿음을 통해서만 이 생명을 우리에게 주신다. 따라서 우리의 영적인 생명력은 우리의 영적인 자기 개발에서 오는 것이 아니라 그분에 대한 믿음에 달려 있다. 우리는 그리스도와 연합되어 있기 때문에 그분으로부터 지속적으로 생명을 공급받는다. 우리는 그분의 말씀을 믿는 믿음으로된 하나님의 자녀로서 그분의 생명에 참여한다.

예수님께서는 요한복음에서 우리가 어떻게 그분으로부터 영생을 받았는지 매우 생생하게 가르친다. 예수님은 하늘 아버지로부터 제자들에게 영생을 주기 위해 보내심을 받았다 (요 12:50, 17:2). 예수님께서는 이 땅의 거주민들에게 생명, 곧 풍성하고 충만한 생명, 하나님 아버지의 아들 되신 자신의 거룩한 생명을 내어주시기 위해서 이 땅에 오셨다(요 10:10). 그분은 죽으심으로 자신의 생명을 내려놓으셨다가 부활하심으로 다시 일으켜 세우사 하늘에 계신 아버지와 함께 그들을 생명에 이르게 하셨다(요 10:11-18). 주님은 제자로 부르신 모든 사람(요 5:21, 10:28)과 하나님 아버지께서 그분에게 주신 모든 사람에게 이 생명을 주셨다(요 17:3). 그들은 예수님을 믿는 믿음으로 이미 이 땅에서 영생을 얻었다(요 3:15-16, 36, 6:40, 47). 영생은 그분의 말씀을 듣고 믿는 순간 시작된다(요 5:24). 주님은 말씀을 통해 그들에게 생명의 영을 주신다(요 3:34-35, 6:63). 예수님은 그들을 거듭나게 하심으로 영생을 주시고(요 3:5-8), 자신의 살과 피로 그들을 양육하심으로써 이 생명을 유지시켜 주신다(요 6:53-58).

그러나 예수님은 영생만 주시는 것이 아니다. 그분 안에 영생이 있다(요 1:4). 예수님은 단순히 하늘에서 내려온 양식을 사람들에게 먹이시는 분이 아니라, 그분 자신이 바로 생명의 떡(요 6:32-35, 48)이며, 하늘에서 내려온 살아 있는 생명의 떡이시다(요 6:50-51). 예수님 자신이 곧 생명이시기 때문에, 예수님은 하나님과 함께 사는 길을 가르치실 뿐만 아니라, 그 자체로 하나님과 함께 사는 삶의 길이 되신다(요 14:6). 가장 인상적인 것은 예수님께서 마르다와 모든

제자에게 다음과 같은 말씀과 약속을 주셨다는 것이다. "나
는 부활이요 생명이니 나를 믿는 자는 죽어도 살겠고 무릇
살아서 나를 믿는 자는 영원히 죽지 아니하리니"(요 11:25-
26). 이처럼 예수님이 말씀을 통해 우리에게 생명을 주시는
이유는 그 말씀 안에서 그분의 생명과 예수님 자신을 주시기
때문이다. 그분을 믿고 의지하기 때문에 우리는 그분으로부
터 생명을 얻는다.

예수님은 우리에게 초인적인 생명을 주시지 않으신다. 우
리를 특별한 육체적, 정신적 능력을 가진 슈퍼맨이나 슈퍼우
먼으로 만들어 주지도 않으신다. 대신 그분은 우리와 자리를
바꾸신다. 그분은 우리가 하나님 아버지와 함께하는 그분의
삶에 동참할 수 있도록 이 땅에서 인간으로 살아가는 우리의
삶에 찾아와 주셨다(요 17:24). 남자와 결혼한 여자가 그의
가족에 속하여 남편의 아버지를 자기 아버지로 받아들이는
것처럼, 우리는 예수님과의 연합을 통하여 그분의 아들 됨을
함께한다. 하나님 아버지와 함께하는 그분의 지위와 하나님
아버지에 대한 접근성, 하나님의 독생자로서의 모든 특권,
하나님 아버지의 사랑과 하나님 아버지에 대한 사랑, 이 모
든 것이 예수님을 믿는 우리의 믿음으로 인하여 우리의 것이
된다(요 17:20-26). 그러나 우리는 이러한 은총을 우리 스

스로, 우리 안에서는 결코 만들어 낼 수 없다. 오직 예수님으로부터 받을 때에만 소유할 수 있다. 우리는 그분을 믿고 그분으로부터 영생을 받을 때에만 영생을 가질 수 있다. 한마디로, 영생의 말씀은 오직 그분만이 가지고 계시기 때문에, 우리는 그저 그분에게서 빌려오는 것 뿐이다(요 6:68).

요한복음의 결론은 여기에서 한 걸음 더 나아간다. 요한은 자신의 복음서 전체가 읽고 듣는 모든 사람이 예수님을 하나님의 아들이자 메시야로 믿고, 그분을 믿음으로써 생명을 얻게 하기 위해 기록하였다고 말한다. 요한복음의 목적과 기능은 기록한 것들을 통해 읽고 듣는 사람들이 생명의 선물을 얻게 하는 것이었다(요 20:30-31). 이것이 성경을 구성하는 모든 책의 기능이라고 덧붙일 수 있으며, 그래야만 한다. 성경은 각자의 방식으로 우리 구주 그리스도 예수께서 어떻게 "사망을 폐하시고 복음으로써 생명과 썩지 아니할 것을 드러내셨는지"(딤후 1:10) 알려준다. 이것이 바로 성경의 저자들이 선포하는 복음이다. 이것이 성경^{Bible} 전체를 통해서 우리가 받아야 할 교훈이다.

읽고,
기억하며,
배우고,
마음으로 깨닫게 하시며,

IX

양육하시는 하나님의 말씀

"내가 주의 말씀을 얻어 먹었사오니
주의 말씀은 내게 기쁨과 내 마음의 즐거움이오나"

예레미야 15:16

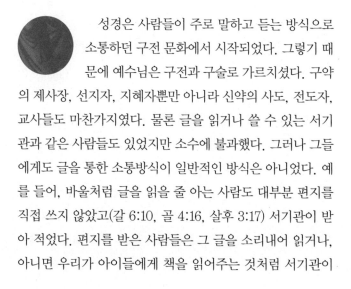

성경은 사람들이 주로 말하고 듣는 방식으로 소통하던 구전 문화에서 시작되었다. 그렇기 때문에 예수님은 구전과 구술로 가르치셨다. 구약의 제사장, 선지자, 지혜자뿐만 아니라 신약의 사도, 전도자, 교사들도 마찬가지였다. 물론 글을 읽거나 쓸 수 있는 서기관과 같은 사람들도 있었지만 소수에 불과했다. 그러나 그들에게도 글을 통한 소통방식이 일반적인 방식은 아니었다. 예를 들어, 바울처럼 글을 읽을 줄 아는 사람도 대부분 편지를 직접 쓰지 않았고(갈 6:10, 골 4:16, 살후 3:17) 서기관이 받아 적었다. 편지를 받은 사람들은 그 글을 소리내어 읽거나, 아니면 우리가 아이들에게 책을 읽어주는 것처럼 서기관이

소리내어 읽어주는 것이 더 일반적이었다.

이로부터 우리가 성경을 이해하고 사용하는 데 참고할 만한 네 가지 사실이 드러난다. 첫째, 고대 사람들은 지금 우리보다 훨씬 더 주의 깊게 듣는 법을 배웠다. 그들은 들은 내용을 외워야 했다. 그들은 들은 것을 정확하게 기억하고 다른 사람들에게 정확하게 전달하기 위해 마음에 새겨야 했다. 그들은 자신이 속한 사회적 맥락에서 방향성과 안정성을 유지하기 위해 선포된 내용에 대한 그들의 기억에 의지 했다. 지혜로운 사람들은 좋은 연설가였다. 왜냐하면 기본적으로 경청하는 능력이 뛰어났기 때문이다. 그러므로 성경은 읽는 독자가 아니라 성경이 말하는 것을 듣는 청자를 위한 책이다.

둘째, 성경은 말씀을 듣는 사람들에게 기본적으로 원고에 적혀 있는 알파벳 문자와 같은 죽은 말이 아니라 사람과 사람이 얼굴을 맞대고 말하는 살아 있는 말, 곧 음성언어였다. 음성언어는 말하는 사람의 생명력 있는 숨결로 만들어진 말이며, 듣는 사람의 생명력 있는 귀를 통해 받아들여진다. 실시간 대화의 맥락에서 듣고 이해해야 한다. 따라서 우리도 성경을 우리에게 선포된 음성언어로 받아들여야 한다.

셋째, 고대 세계 사람들은 성경과 같은 문자로 된 텍스트를 우리처럼 속으로 조용히 읽지 않았다. 글을 읽을 줄 아는 사람이라도 스스로 소리 내어 읽거나, 낭독하는 것을 듣고 자기에게 필요한 내용을 주의 깊게 받아들였다. 우리가 아는한, 소리내어 읽지 않고 조용히 읽을 수 있는 방법은 훨씬 뒤에 생겨났다. 실제로 소리 없이 읽는 방법을 터득한 사람에대한 최초의 기록은 A.D. 3세기의 유명한 교부이자 주교였던 암브로스Ambrose였다. 사람들은 그가 읽는 모습을 보기 위해 돈을 지불할 정도로 놀라워했다! 오늘날에도 성경을 통해우리에게 주시는 하나님의 말씀을 가장 잘 듣는 방법은 스스로 소리내어 읽거나 낭독하는 것을 듣는 것이다.

넷째, 고대 세계 사람들은 우리와는 다르게, 생각하는 내용과 말하는 내용을 분리하지 않았다. 그들에게 생각이란 자기 자신에게 조용히 말하는 것이었다. 따라서 우리가 생각하거나 느끼는 것을 말로 표현한다면, 그들은 내면적으로 자기자신에게 말하는 형태로 표현했다. 예를 들어 시편 30편 6절에 등장하는 시인의 말을 떠올려 보라. 그는 "내가 형통할때에 말하기를 '영원히 흔들리지 아니하리라' 하였도다"라고말했다. 또한 성경의 저자는 일반적으로 전달하고자 하는 사상이나 신학적 개념보다는 그들이 실제로 사용하는 단어를언급한다. 예를 들어, 바울은 화해의 신학보다는 "화해의 말씀"에 대하여 말한다(고후 5:19 새번역성경).

그러므로 우리는 하나님의 말씀을 객관적으로 분석하고평가하는 비평가가 아니라, 하나님의 말씀을 듣는 자로 부르심을 받았다. 실제로 그래야 할 필요성이 있다. 그러나 연애 편지를 분석하는 것과 마찬가지로, 하나님의 말씀은 우리에게 무엇을 제공하고, 우리를 위해 무엇을 하는 지를 제외하고 그 가치가 제한적이다. 하나님의 말씀은 좋은 음식처럼, 우리의 귀로 듣고 마음에서 소화되어야 한다.

듣는 것은 귀뿐만 아니라 입과도 관련이 있기 때문에 먹는 것과 매우 유사한 종류의 듣기가 있다. 하나님의 말씀을 듣는 사람은 그 말씀을 귀를 기울이고 귀를 통해 마음에 소리를 내어 말함으로써 그 말씀에 동화된다. 이러한 묵상과 같은 듣기에서 사람들은 송아지가 젖을 먹는 것처럼 중요한 단어를 반복하여 음미하고, 말씀이 자신에게 직접적으로 말하게 함으로써, 말씀이 말하는 것과 주시는 것을 받아들인다.

입을 통해 마음으로 듣는다는 개념은 에스겔 2장 8절에서 3장 10절에 가장 생생하게 묘사되어 있다. 하나님의 말씀에 불순종하여 포로 생활 중에 있는 백성들에 대하여, 하나님은 에스겔 선지자에게 이상한 사명을 맡기신다. 에스겔에게 입을 열어 하나님 주시는 것을 먹으라고 말씀하셨다. 그런 다음 하나님은 그에게 자신의 말씀이 적힌 두루마리를 주시며 그 두루마리를 먹으라 말씀하신다. 에스겔이 탄식과 애통과 재앙의 말씀이 담긴 두루마리를 삼키자, 그는 이전에 예레미야가 그랬던 것처럼(겔 15:16) 그 말씀이 입에 꿀처럼 달다는 것을 깨닫게 된다. 그 후, 하나님은 이렇게 말씀하신다. "인 자야 내가 네게 이른 모든 말을 너는 마음으로 받으며 귀로 들으라"(겔 3:10). 이것은 들은 것을 마음에 새기는 일반적 인 순서를 뒤집는 것이다. 에스겔은 입을 통해 하나님의 말 씀을 마음에 새기고, 그 뒤에 귀로 들을 수 있게 한다.

시편 81편에서 하나님은 농사를 끝내는 추수철 대축제인 초막절을 축하하기 위해 성전에 모인 백성들에게 말로된 양 분을 공급하신다. 이 선지자적 시편은 두 부분으로 나뉘는 데, 81편 1-5절의 하나님의 말씀을 자기 백성들에게 소개하 는 노래에 함께 하자는 부름과, 81편 6-16절의 하나님의 말 씀을 들으라는 열정적인 호소를 담은 선포로 이루어져 있다. 하나님께서는 조상들을 애굽의 고된 노동에서 해방시키신 일(출 1:11-14), 홍해에서 도움을 구하는 그들의 부르짖음에 응답하신 일(출 14:11), 므리바 반석에서 물을 공급해주신 일 (민 20:2-13)을 상기시킨 후, 축제 기간 7일 동안 거룩한 고 기와 떡과 포도주를 먹으며 잔치를 즐기는 자기 백성들에게 자신의 이름을 밝히시며 친히 들려주시는 말씀을 들을 것을 촉구한다. "나는 너를 애굽 땅에서 인도하여 낸 여호와 네 하 나님이니 네 입을 크게 열라 내가 채우리라"(시 81:10). 이 노 래로된 말씀은 그들의 입을 채우고 먹이시겠다고 말씀하신다. 또한 그분의 말씀을 듣고 그분의 인도하심에 순종하면, 만나보다 더 기름진 밀과, 반석에서 물이 아닌 꿀을 내어 그들의 배를 채우실 것이라 약속하신다(시 81:16). 그들은 그분의 음성을 들음으로써 가장 맛있는 음식과 가장 달콤한 음식을 맛보게 될 것이다.

하나님은 그분의 백성들에게 영양을 공급하기 위해 말씀을 주신다. 하나님께서는 신명기 8장 1-10절에서 광야에서 만나로 그분의 백성들을 먹이신 것과, 그들을 먹을 것에 모자람이 없는 좋은 땅으로 인도하시기로 약속하신 것을 기억하신다. 그런 맥락에서 하나님께서는 사람이 떡으로만 사는 것이 아니라 하나님의 입에서 나오는 모든 말씀으로 사는 것임을 가르치시기 위해, 주리고 목마른 광야생활 가운데 만나를 먹이시며 그들을 시험하신 것을 떠올리게 하셨다(신 8:3). 육체적 영양이 육신의 양식에 의존하는 것처럼 영적인 영양도 하나님의 말씀에 의존한다. 그러므로 하나님의 백성들은 생존을 위해 하나님의 말씀을 듣고 하나님의 말씀에 귀를 기울여야 한다. 그렇지 않으면, 그들은 주리고(신 8:3, 16), 목마르며(신 8:15), 먹을 것이 없어 죽게 될 것이다(신 8:19-20).

신약성경에서 누가는 예수님과 구경꾼들 틈에 있던 한 여인 사이의 수수께끼 같은 대화를 소개하면서 하나님의 말씀으로부터 영양분을 공급받는 것에 대하여 가르친다. "[예수께서] 이 말씀을 하실 때에 무리 중에서 한 여자가 음성을 높여 이르되 '당신을 밴 태와 당신을 먹인 젖이 복이 있나이다' 하니, 예수께서 이르시되 '오히려 하나님의 말씀을 듣고 지키는 자가 복이 있느니라' 하시니라"(눅 11:27-28).

이야기 속 여인은 조금은 세속적이면서도 경건한 어머니로 보인다. 그녀와 모성애에 대한 그녀의 태도는 거침이 없다. 그녀는 자기 아들(또는 아들들)의 모습에 어머니로서 실망한 것 같다. 그래서 그녀는 예수님의 가르침을 들으면서도 예수님의 어머니 마리아를 부러워한다. 그 어머니에 그 아들이구나! 그녀는 성공한 아들을 둔 마리아를 칭찬하며, 자신도 당연히 마리아를 보고 반성하며, 닮아야 한다고 생각했을 것이다. 그와 같은 아들이 있다면 얼마나 좋을까? 마리아가 예수님의 어머니가 된 것은 정말로 큰 축복이다. 그녀의 말에 대한 대답에서 예수님은 그녀의 말에 동의하지 않으신다. 마리아가 축복 받은 것은 인정하지만, 모든 제자가 마리아보다 훨씬 더 큰 복을 받았다고 덧붙이신다. 사실 마리아는 예수님의 어머니로서, 또한 예수님의 제자로서 두 배의 복을 받았다. 그녀는 하나님의 말씀을 듣고 그 말씀대로 순종했기 때문에 가장 큰 복을 받은 것이다. 마리아는 하나님의 말씀

하나님의 말씀

을 듣고 그 말씀을 믿어 예수님을 임신하게 되었다(눅 1:38). 하지만 이 복은 마리아 혼자만의 복이 아니다. 예수님을 축하해준 여인을 포함한 모든 제자도 마리아처럼 말씀을 신뢰하고 예수님을 주님과 구원자로 영접했기 때문에 마리아와 같이 복을 받았다.

예수님은 이 땅의 어머니로부터 육체적 생명과 영양을 공급받는 사람들과 하나님의 말씀으로부터 영적인 생명과 영양을 공급받는 사람들을 비교하여 말씀하신다. 아기가 어머니의 자궁을 통해 육체적인 생명을 얻는 것처럼, 우리는 하나님의 말씀을 들음으로써 새롭게 태어난다. 그분의 말씀은 우리의 영적인 자궁이다. 그러나 갓난아기처럼 우리도 말씀 없이는 생명을 유지할 수 없을 뿐만 아니라 말씀에 의존하여 영양을 공급받는다. 아기가 어머니의 젖을 통해 영양을 공급받는 것처럼, 우리도 우리를 거듭나게 한 말씀을 통해 영양을 공급받는다. 예수님께서 말씀하신 하나님의 말씀은 우리의 영적인 젖줄이다. 하나님의 말씀을 붙잡고 마음에 새김으로써 우리는 그 말씀으로부터 생명을 유지하고 지속적인 영양을 공급받는다.

우리는 갓난아기처럼 하나님의 말씀의 순수한 젖을 먹으며 하나님의 자녀로 성장한다(벧전 2:2-3). 그러나 우리가 영적으로 성장하고 성숙해지려면 기초적인 식단뿐만 아니

라 하나님께서 말씀을 통하여 주시는 단단한 음식을 통해서
풍부한 영양을 섭취해야 한다(히 5:11-14). 왜냐하면, 하나
님의 말씀이 우리에게 제공하는 양식은 성령 안에서 우리에
게 활력을 주고 하늘에서 하나님과 함께 영원히 누리게 될
모든 좋은 것들을 미리 맛보게 하는 하늘의 양식이기 때문
이다(히 6:4-5).

바울은 디모데에게 보낸 첫 번째 편지에서 에베소 교인들
에게 결혼과 음식은 "감사함으로 받으며" "하나님의 말씀과
기도로 거룩하게"해야 할 하나님의 좋은 선물임을 가르치라
고 권면한다(딤전 4:1-6). 이것을 성도들에게 가르치다 보
면, 그 또한 자기가 가르치는 "믿음의 말씀과 좋은 교훈"으
로 점점 자라나서 예수 그리스도의 좋은 일꾼이 될 것이다.
그가 성도들에게 가르치는 복음의 말씀은 성도들의 신앙 성
장에 자양분이 되며, 그의 사역 안에서 그를 자라나게 하는
자양분이 된다.

하나님의 말씀은 듣는 사람에게 영양을 공급하기 때문에
사람을 영적으로 건강하게 한다. 건강에 좋은 음식처럼 말씀
은 그것을 받아 먹는 사람들에게 건강을 가져다준다. 바울은
디모데와 디도에게 보낸 목회 서신에서 "건강해지다"라는 뜻
의 헬라어 분사를 사용하는데, 이 분사는 일반적으로 영어에

서 "건전한"이라는 형용사로 번역되지만, 지금은 '올바른' 또는 '합리적인'이라는 뜻으로 잘못 이해하는 경우가 많은 고대의 건강 용어다.

디모데전서 6장 3-4절에서 바울은 "누구든지 다른 교리를 가르치며, 우리 주 예수 그리스도의 건전한 말씀과 경건에 부합되는 교훈을 따르지 않으면, 그는 이미 교만해져서, 아무것도 알지 못하면서, 논쟁과 말다툼을 일삼는 병이 든 사람입니다."라고 말한다(딤전 6:3-4 새번역성경). 예수님의 말씀은 경건의 실천으로 이어지는 가르침을 도전한다. 이러한 가르침은 사람들의 존재와 생각, 그리고 다른 사람들과의 관계에서 감염되는 영적인 질병으로부터 사람들을 보호한다(딤전 6:4-5). 따라서 "우리 주 예수 그리스도의 건강한 말씀"은 모든 그리스도인의 평생에 걸친 영적 건강의 원천이다.

건강한 예수님의 말씀은 각 사람의 영적인 건강에 영양을 공급하며, 또한 십계명 준수와 복음 메시지를 구별하는 건강한 가르침으로 이어진다(딤전 1:8-11). 그것은 "청결한 마음과 선한 양심과 거짓이 없는 믿음에서 나오는 사랑"(딤전 1:5, 딤후 1:13 참조)을 낳는다. 그렇기 때문에 목회자는 디모데처럼 신뢰할 수 있는 하나님의 말씀을 붙잡고 있어야 건강한 가르침에 합당한 건강한 교육이 이루어질 수 있다(딛

1:9, 2:1). 비록 '건강한 가르침'이 무질서한 감정과 욕망에 이끌린 사람들을 만족시키지 못한다 할지라도 인내심을 갖고 끈기 있게 이를 완수해야 한다(딤후 4:3). 모든 건강한 가르침의 목표는 그 가르침에 귀를 기울이는 사람들이 "믿음과 사랑과 인내에 온전하게"되는 것이다(딛 2:2). 예수님의 건강한 말씀은 건강하게 만들고 건강을 유지하게 한다.

요한복음 6장 25-58절에서, 예수님은 제자들에게 단순히 유익한 말씀을 가르쳐 주시는 분이 아니다. 예수님께서는 생명을 주는 말씀(요 6:63)이며, 영생의 말씀(요 6:68)인 자기 자신을 제자들을 위한 영양분으로 내어 주신다. 그분은 하나님의 떡이며, 세상에 생명을 주기 위해 하늘로부터 내려온 참된 떡이다(요 6:32-33). 그분은 생명의 떡(요 6:35, 48)이며, 하늘에서 내려온 생명을 주는 떡(요 6:51, 58)이다. 예수님은 제자들에게 그분의 살을 먹고, 그분의 피를 마시는 식사를 제공하셨다(요 6:51-58). 그 안에서 주님을 먹는 사람은 다시는 주리지 않을 것이며, 다시는 목마르지 않을 것이다(요 6:35). 예수님은 우리가 예수님과 예수님의 말씀을 먹을 때, 우리의 영양분이 되어 주신다.

X

치유하시는 하나님의 말씀

"그가 그의 말씀을 보내어 그들을 고치시고
위험한 지경에서 건지시는도다"

시편 107:20

현명하고 친절하며, 적절하면서도 도움이 되
는 말에는 치유력이 있다. 우리는 말에 얼마나
큰 치유력이 있는지 잘 알고 있다. 이러한 말의
힘은 우리가 우리 자신에 대해 생각하고 느끼는 것이나, 우
리가 다른 사람들과 어떻게 관계를 맺고 그들이 우리와 어떤
관계를 맺는지를 이야기할 때, 분명하게 드러난다. 좋은 상
담사의 말은 상처받은 마음을 치유하고 깨어진 관계를 회복
할 수 있다. 험한 말이 사람에게 큰 상처를 주지만, 현명한
말은 깊은 상처까지도 치유할 수 있다.

하나님을 경외하는 사람들에게 지혜를 주시고, 땅의 모든
사람을 위한 하나님의 섭리에 대해 가르침을 주는 책인 잠언

은 상처를 치유하는 말의 힘에 대하여 길고 자세하게 설명하고 있다. 지혜로운 스승이 그의 제자인 아들에게 치유를 위한 지혜로운 말의 힘에 대하여 가르친다.

> "내 아들아 내 말에 주의하며 내가 말하는 것에 네 귀를 기울이라 그것을 네 눈에서 떠나게 하지 말며 네 마음속에 지키라 그것은 얻는 자에게 생명이 되며 그의 온 육체의 건강이 됨이니라 모든 지킬 만한 것 중에 더욱 네 마음을 지키라 생명의 근원이 이에서 남이니라"
> (잠 4:20-23)

제자는 스승의 지혜로운 말씀을 주의 깊게 듣고 깨달음을 얻어, 마음에서 온몸으로 활력과 생기를 주는 스승의 말씀을 마음에 새겨야만 한다. 지혜의 말씀은 우리에게 좋은 약처럼 마음에서 온몸으로 생명과 건강을 가져다 준다(잠 14:30 참조). 마치 샘물이 솟구치듯이, 건강한 생명이 마음에서 몸으로 흘러넘치는 것은 그 안으로 유입되는 건강한 생명에 달려 있다.

친절하고 은혜가 넘치는 지혜로운 말은 그 이상의 역활을 한다. 선한 말은 슬픈 마음을 기쁨으로 바꾼다(잠 12:25). 마치 송이꿀처럼 맛있고 달콤하여, 듣는 사람에게는 맛보고

즐길 수 있게 하며, 말하는 사람에게는 만족과 즐거움을 선사한다(잠 12:18). 따라서 사람의 혀는 상처를 내고 죽이는 무자비한 칼로 사용될 수도 있지만, 반대로 다른 사람에게 치유와 회복을 주는 지혜로운 도구로 사용될 수도 있다(잠 12:18). 실제로 "온순한 혀는 곧 생명나무"다(잠 15:4). 이는 하나님께서 에덴동산에서 아담과 하와에게 주셨던 생명나무와 비슷하다(창 2:9, 3:22, 24). 에덴동산에서 쫓겨난 아담과 그 후손이 잃어버린 하나님이 주신 생명력을 회복시켜 준다.

이 땅의 모든 사람을 창조하신 살아 계신 하나님은 지상의 모든 육체적 생명과 건강의 원천이 되신다. 하나님은 음식을 통해 영양을 공급하여 그들에게 건강을 주시고 의사, 간호사와 같은 의료계 종사자들의 의료 서비스를 통해 치유를 공급하신다. 이와 더불어 하나님의 백성들에게는 영적인 건강, 즉 몸과 영혼, 마음과 영의 전인적인 건강을 주시는데, 선지자들의 말씀을 통해서 부분적으로 주시던 것을 예수님을 통해서는 온전히 다 주셨다. 하나님께서는 예수님을 통해서 완전한 치유를 주신다. 영에서 혼으로, 마음에서부터 몸으로 치유는 안에서부터 밖으로 이루어진다. 예수님이 가져다주시는 치유는 영혼이 새로워지는 것으로부터 시작하여 하나님과 함께 영생을 누릴 수 있는 몸의 부활로 절정에 이르게 되는 일생에 걸친 치유와 회복의 과정이다(계 22:16, 딛 3:4-5). 바울은 축복기도를 통해서 영적인 재창조와 거듭남의 거룩한 역사를 언급한다. "평강의 하나님이 친히 너희를 온전히 거룩하게 하시고 또 너희의 온 영과 혼과 몸이 우리 주 예수 그리스도께서 강림하실 때에 흠 없게 보전되기를 원하노라"(살전 5:23).

구약성경에서 하나님은 그분의 백성들에게 자기 자신을 치유자로 소개하셨다. "나는 너희를 치료하는 여호와임이라"(출 15:26). 하나님께서는 애굽에서 구원한 백성들에게 하나님의 음성을 듣고 그분의 계명을 지키면, 애굽 사람들에게 내렸던 어떤 질병도 이들에게는 내리지 않겠다고 약속하셨다(출 23:25-26, 신 7:15 참조). 그래서 그들은 히스기야 왕(사 38:16)처럼 치유를 위해 하나님께 기도했다. 그리고 하나님께서는 그들을 치유해 주시겠다는 약속을 지키셨다. 하나님께서 그들의 부르짖음과 기도에 응답하사 치유하시는 말씀을 보내주셨기 때문에(시 107:17-20), 그들은 모든 질병을 고쳐주시고(시 103:3) 상한 마음을 싸매어 주신 하나님을 찬양했다(시 147:3).

그러나 안타깝게도, B.C. 740년경 그분의 백성들은 하나님의 말씀에 귀를 기울이지 않았으며, 회개하라는 하나님의

부르심을 거부하며(사 1:2-6), 그분을 반역한 결과 질병에
완전히 사로잡히고 말았다(사 1:16-20, 5:24). 그들은 하나
님의 말씀을 거부함으로써 하나님이 주시는 치유를 받지 못
했다(사 6:10). 그래서 하나님께서는 이사야를 선지자로 부
르시면서, 하나님의 말씀이 그들에게 역효과를 가져올 것이
라고 말씀하셨다(사 6:5-10). 하나님의 말씀이 치유가 아니
라 오히려 불치병의 치명적인 증상만을 드러나게 할 것이다.
이사야가 전하는 말씀은 하나님에 대한 반항심을 키우고, 그
말씀을 듣지 않으려는 태도를 더욱 악화시켜 그들의 병을 더
욱 깊어지게 할 것이다. 그들은 고의적으로 완전히 그분에게
서 등을 돌릴 것이다. 그리하여 하나님의 말씀은 백성들의
마음과 생각을 굳게 만들고, 귀를 막고, 하나님이 그들에게
말씀하시고 행하시는 일에 눈을 감게 만들 것이다. 하나님을
외면함으로써 그들은 병이 완전히 진행되어 다시 말씀을 들
을 준비가 될 때까지 하나님의 치유를 받을 수 있는 능력을
잃게 될 것이다(사 6:11-13).

　하지만 이 고통의 시간이 지나면, 새 성읍 시온에서 하나
님의 백성을 위한 치유의 날이 올 것이다(사 33:13-24). 하
나님께서는 심판과 구원의 날에 친히 오셔서 자기 백성의 죄
와 반역의 죄책감으로부터 그들의 영혼을 완전히 치유하실
것을 약속하셨다(사 57:18-19, 렘 30:12-17, 33:6-8). 그분

은 자기 백성에게 의와 건강을 가져다줄 새날, 공의로운 해
가 떠올라 치료하는 광선을 비추게 될 날을 약속하셨다(말
4:2). 그날에 그분의 백성은 그들의 죄와 죄책감과 슬픔을
대신 짊어지는 고난의 종을 통해 상처를 치유 받게 될것이다
(사 53:5).

　이것이 바로 예수님께서 성취하신 일이다. 그분은 우리의
죄를 대신 짊어지셔서 우리를 치유하시고, 우리가 죄에 대
하여 죽고 의에 대하여 살도록 하셨다(벧전 2:24). 그분은
하나님의 말씀을 외과용 메스scalpel로 삼아 가슴을 열고 하는
수술을 하듯, 우리의 몸과 마음과 영에 깊이 파고드신다(히
4:12-13). 그분은 우리의 질병을 진단하고 치유하는 말씀으
로 우리를 수술하신다. 그분은 단순히 질병의 증상만 치료
하는 것이 아니라 질병의 근본적인 원인인 하나님에 대한 의
심과 불신, 즉 죄를 다루신다. 그분은 암 완치 판정처럼 일
시적인 치유만 가져다주시는 것이 아니라 우리에게 완전한
안식과 지속적인 건강을 주는 영원한 구원을 선물로 주신다
(히 5:9).

　따라서 하나님께서 자신의 율법을 지키는 이스라엘 백성
들의 치료자가 되겠다고 약속하신 것처럼, 예수님도 자신을
각기 다른 사람들에게 각각의 방식으로 치유를 베푸시는 좋
은 의사가 되어 주신다(마 9:12, 눅 5:31-32). 예수님은 참

회하는 죄인들을 용서의 약으로 치료하고 치명적이고 만성
적인 죄라는 질병에서 벗어날 수 있도록 도와주신다. 그것이
예수님의 거룩한 사명이다. 예수님의 이 사명 선언의 맥락이
매우 중요하다. 예수님은 중풍병자를 고치시면서 그의 죄를
용서하시고 일어나 가라고 말씀하셨다(마 9:1-8, 눅 5:17-
26). 그 후에 예수님은 세리 마태를 불러 자신을 따르라고 하
셨고, 마태의 집에 가서서 많은 세리와 죄인들과 함께 식사
를 하셨다(마 9:10, 눅 5:29). 그곳에서 예수님은 죄인들과
함께 먹고 마신다는 율법 교사들과 바리새인들의 비난에 대
하여 이렇게 대답하셨다. "건강한 자에게는 의사가 쓸 데 없
고 병든 자에게라야 쓸 데 있나니 내가 의인을 부르러 온 것
이 아니요 죄인을 불러 회개시키러 왔노라"(눅 5:31-32). 예
수님은 모든 사람의 근본적인 질병을 치유하기 위해 하늘에
계신 아버지로부터 보내심을 받았으며, 자가 진단과 자가 치
료에 의존하는 자기 의※에 사로잡힌 사람들이 아니라 자신
의 죄를 깨닫고 인정한 죄인들을 치유하기 위해 오셨다. 친
구들이 예수님 앞으로 데려온 중풍병자처럼, 마태와 같은 죄
인들은 자신의 건강을 위하여 스스로 하나님의 율법을 준수
하는 길을 걷지 못한다. 그래서 예수님은 회개하고 자신을
따르도록 부르셔서, 그들을 용서하시고 마비된 그들의 영혼
을 치유하신다.

하나님의 말씀

시편 107편의 시인은 영감을 받아서 하나님을 거역하여 질병에 걸리거나, 죄악으로 고통받는 백성들을 치유하기 위하여 말씀을 보내주신 하나님께 감사한다(시 107:17-20). 이 시편은 죄로 인해 병든 사람들을 치유하고 죽음에서 구원하기 위해 하나님께서 보내신 하나님의 메신저로서 하나님의 말씀을 묘사한다. 베드로는 로마 백부장 고넬료에게 말씀을 전할때, 이 시편의 20절 말씀을 떠올리며 예수님에 대하여 이야기 한다(행 10:36, 38). 하나님께서는 약속하신 메시야로 예수님을 보내시고, 성령으로 기름을 부으셔서 이스라엘 백성에게 치유의 말씀을 전하게 하셨다. 하나님께서는 이사야 52장 7절에서 약속하신 대로 이 땅의 모든 사람의 주ᵗ가 되시는 메시야 예수님을 통하여 그들에게 평화의 기쁜 소식을 전하셨다. 예수님은 복음을 전파하심으로써 그들에게 선을 행하시고 마귀의 압제로부터 그들을 치유하셨다(행 10:36). 그래서 베드로는 하나님의 말씀 선포와 악으로부터의 치유와 구원을 연결시킨다. 그런 다음에 베드로는 이 두 가지를 예수님을 메시야이자 만유의 주인으로 믿는 사람들이 받는 죄 사함과 연결시킨다(행 10:43). 하나님의 말씀, 치유, 구원, 용서 이 네 가지는 모두 하나님이 만드신 한가지 법에 속해 있다. 치유는 하나님의 영으로 기름부음 받은 예수님이 복음을 선포함으로써 이루어진다. 복음gospel은 치유를 가져다주는 거룩한 말씀이다. 왜냐하면 사람들을 마귀의 억압에서 벗어나게 하고, 모든 믿는 사람들의 죄를 용서해주기 때문이다.

그러므로 복음서福音書에서 복음을 전파하고 가르치는 것이 다양한 종류의 치유 사역과 연결되어 있다는 것은 전혀 놀라운 일이 아니다. 예를 들어 마태복음에서 예수님께서 행하신 일을 정리해 보자. 4장 23절에서는 "예수께서 온 갈릴리에 두루 다니사 그들의 회당에서 가르치시며 천국 복음을 전파하시며 백성 중의 모든 병과 모든 약한 것을 고치시니"라고 보고한다. 9장 35절에서도 "온 갈릴리"가 아닌 "모든 도시와 마을"에 대한 표현을 제외하고는 동일한 내용을 언급하고 있다. 마태는 복음이 하나님 나라의 도래를 선포할 뿐만 아니라 복음을 듣고 믿는 사람들에게 치유를 가져다주기 때문에 치유가 복음 전파에 동반된다는 것을 은연 중에 드러낸다. 예수님은 중풍병에 걸린 백부장의 하인을 말씀으로 고치셨을 뿐만 아니라(마 8:8), 평소에도 모든 종류의 병자와 불구자들을 말씀으로 치유하셨다(마 8:3, 9:1, 2, 6, 12:13). 예수님은 또한 귀신들리고 악령에 사로잡힌 사람들을 치유하기 위해서 말씀을 사용하셨다(마 8:16, 15:28, 17:18). 두 경우 모두 예수님은 말씀으로 병자들과 불구자들을 건강하게 회복시키셨다.

하나님의 말씀

마태는 예수님의 치유 사역을 복음 선포와 연결시킬 뿐만 아니라(마 4:23), 예수님께서 고치신 다섯 가지 기본적인 질병을 나열하고 있다(마 4:24).

- **다양한 질병으로 인한 신체 질환**(마 8:16, 9:12, 14:35, 17:15)
- **극심한 고통**(마 8:6)
- **귀신 들림**(마 8:16, 28, 9:32, 12:22, 15:22)
- **간질 같은 정신 질환**(마 17:15)
- **중풍병**(마 8:6, 9:6)

이외에도 마태는 다양한 종류의 장애와 고통을 치유하신 일에 대해 언급한다.

- **맹인**(마 9:27, 11:5, 20:29, 21:14)
- **눈 멀고 말 못하는 자**(마 12:22)
- **말 못하는 사람**(마 9:32)
- **손 마른 사람**(마 12:10)
- **못 걷고 다리 저는 사람**(마 11:5, 21:14)
- **못 듣는 사람**(마 11:5)

이를 통해 우리는 마태가 다른 복음서 저자들과 마찬가지로 다양한 종류의 질병을 언급하기는 했지만, 우리가 일반적으로 생각하는 것보다 더 폭넓게 질병을 이해했음을 알 수 있다. 마태에게 질병은 신체적 장애, 정신적 이상, 악한 영에 의한 괴롭힘이 포함되어 있었다. 예수님은 이 모든 질병과 고통을 말씀으로 치유하셨다(마 8:17). 이로써 우리의 질병과 고통이 메시야의 대속적 고난으로 치유될 것이라는 이사야의 예언을 성취하셨다(사 53:4-5).

예수님께서 가르침과 설교로 사람들을 고치셨기 때문에, 사람들이 원근 각처에서 그분의 말씀을 들으러 온 것은 이상한 일이 아니었다(눅 6:17-19). 그들은 질병을 고치고 자신을 괴롭히는 악령으로부터 치유받기 위하여 그분의 말씀을 들으러 왔다. 그들의 영적인 건강이 예수님의 말씀에 달려 있었기에 그들은 예수님의 말씀을 들으러 온 것이다. 예수님에 대한 그들의 믿음은 그들을 치유했고(마 9:22, 막 10:52, 눅 17:19), 죄에서 구원했다(눅 7:50). 예수님은 이 모든 사례에서 동일한 동사를 사용하셨다. 예수님은 그들을 구원하심으로 건강하게 하셨고, 건강하게 하심으로 그들을 구원하셨다. 그들과 마찬가지로 우리도 우리의 건강과 안전을 예수님과 예수님의 말씀에 의지한다. 예수님은 우리에게도 "네 믿음이 너를 구원하였다"(마 9:22, 막 5:34, 10:52, 눅 8:48, 17:19, 18:42)라고 말씀해 주신다. 이 구원의 말씀이 우리를 안전하고 건강하게 하며, 지켜주신다.

하나님의 말씀은 우리의 몸과 마음과 영혼을 치유하는 능력이 있다. 부분적이고 일시적인 치유가 아니라 완전하고 영원하도록 치유하신다. 하지만 단번에 모든 것을 치유하시지는 않는다. 하나님께서는 우리의 영적인 건강을 해치고 이 땅의 삶에서 다양한 질병을 일으키는 것들을 반복적으로 다루신다. 평생에 걸친 영적 회복의 여정에서 우리의 필요에 따라 우리를 치료하신다. 그러므로 우리 몸은 치유의 말씀으로 어떤 질병에서 해방되었더라도 다시 병에 걸리고 결국 육체적 질병과 연약함 때문에 죽게 된다. 또한 우리의 영혼은 용서의 말씀으로 죄책감에서 해방되었지만, 다시 죄를 짓고 죄악의 대가를 치르게 될 것이다. 우리의 영혼은 구원의 말씀으로 마귀와 여러 악한 영들로부터 해방되었지만, 이 땅에 사는 한 다시 악한 영들의 공격을 받게 될 것이다. 이처럼 우리가 질병에 걸리고 건강이 나빠지는 것은 예수님의 치료가 더 필요하기 때문이다. 이 모든 질병은 예수님께서 요한복음에서 약속하신 대로 우리 몸의 부활을 통한 궁극적인 치유를 미리 맛보게 하며 확신하게 한다.

"진실로 진실로 너희에게 이르노니 죽은 자들이 하나님
의 아들의 음성을 들을 때가 오나니 곧 이 때라 듣는 자
는 살아나리라"(요 5:25)

주님의 거룩한 말씀의
인내와 위로로 인하여,

XI

활력을 주시는 하나님의 말씀

"하나님의 말씀은 살아 있고 활력이 있어"

히브리서 4:12

 하나님 아버지께서는 하늘과 땅의 모든 권세를 예수님께 주셨으며, 제자들에게도 예수님께서 하셨던 놀라운 일들을 하도록 부르셨다. 제자들이 이 사역을 성공적으로 수행하려면 예수님과 동일한 능력, 곧 성령의 권능을 받아야 한다.

하지만 문제가 있다. 어떻게 하면 제자들이 이 능력을 남용하지 않고 안전하게 하늘 아버지의 은혜로운 뜻대로 선한 일을 하는 데만 사용할 수 있도록 할 수 있을까? 사탄의 경우에서 알 수 있듯이 힘을 남용하는 최악의 경우는 영적인 힘을 잘못 사용하는 것이다. 예수님은 예수님의 능력을 받은 제자들이 이 영적인 힘을 자신의 출세나 타인을 착취하는 데 사용하지 않도록 하기 위해 어떻게 하셨을까? 제자들이 영적으로 고독한 방랑자나 종교적 독불장군이 되어 위험한 행동을 하지 않도록 어떻게 막으셨을까? 자신과 타인에게 해를 끼치지 않고 유익을 주는 데만 그 힘을 사용할 수 있도록 하는 방법이 있을까? 자신과 타인을 위해 선하게 사용할 때는 힘이 생기지만, 남용하는 순간 전기회로가 끊어지듯 그 힘을 잃도록 할 수는 없을까? 더 나아가서, 힘을 남용하려고 하는 상황에서 조차도 그 힘이 선하게 사용되도록 해버릴 수는 없을까? 이를 가능하게 하는 가장 좋은 방법은 예수님과 예수님의 말씀 안에서만 그들에게 능력을 부여하고, 예수님과 예수님의 말씀에 대한 믿음을 통해서만 그 능력에 접근할 수 있도록 하는 것이다.

십자가에 달리기 전날 밤 고별 설교에서 예수님은 물을 포도주로 바꾸는 기적에서부터 죽은 나사로를 살리신 일까지 일곱 가지 큰 기적을 목격한 제자들에게 "내가 진실로 진실로 너희에게 이르노니 나를 믿는 자는 내가 하는 일을 그도 할 것이요 또한 그보다 큰 일도 하리니 이는 내가 아버지께로 감이라"(요 14:12)는 놀라운 약속을 주셨다. 예수님께서 승천하신 후, 제자들은 예수님의 지상 사역에 동참하게 될 것이다. 이는 결코 쉬운 일이 아니었다. 제자들의 능력과 힘으로는 불가능한 일이었을 것이다. 그러나 예수님은 그들을 친구로 삼아 예수님에 대한 믿음과 기도를 통해 이 일을 가능하게 하셨다(요 14:10-11, 15:7-8, 14-16).

제자들은 예수님과 예수님의 말씀에 대한 믿음이 있었기 때문에 예수님과 함께 사역할 수 있었다. 예수님께서 그들에게 주신 말씀을 통해 하나님 아버지께서는 예수님과 그분을 믿는 사람들 안에서 역사하신다(요 14:10-11). 그래서 사람들이 예수님께 하나님의 일을 하려면 어떻게 해야 하는지 물었을 때, 예수님께서는 "하나님께서 보내신 이를 믿는 것이 하나님의 일이라"(요 6:29)고 말씀하셨다. 예수님께서는 여기에서 하나님의 일하심에 대하여 말씀하시면서, 단순히 하나님께서 우리에게 요구하시는 것이 아니라 하나님이 우리를 위하여 하시는 일, 즉 우리를 위한 하나님의 일을 말씀하고 계신다. 하나님은 예수님을 통하여 우리 안에서 믿음으로 역사하시며, 우리가 믿음으로 예수님과 함께 하나님의 일을 할 수 있도록 하신다.

예수님의 제자들은 예수님을 섬김에 있어서 철저히 예수님을 의지한다. 그래서 예수님은 "나를 떠나서는 너희가 아무 것도 할 수 없음이라"(요 15:5)고 단언하셨다. 포도나무 가지가 포도나무 줄기에 붙어 있을 때에만 살아서 열매를 맺을 수 있는 것처럼, 제자들도 예수님과 함께 있는 상태에서만 예수님이 주시는 일들을 할 수 있다. 그들이 예수님 안에 거하기만 한다면, 하나님 아버지의 일에도 동참할 수 있을 것이다. 그래서 바울은 그와 함께 사역하는 동료들이 "하나님의 동역자들", 즉 하나님과 복음을 위하여 함께 수고하는 사람들인 것을 당연하게 여겼다. 또한 바울은 믿음의 모든 형제자매에게 "주의 일에 더욱 힘쓰는 자들이 되라"고 강력히 도전했다.

제자들이 예수님과 그분의 말씀에 의지하여 예수님이 명하신 대로 행하는 모습은 베드로와 관련된 두 가지 대표적인 이야기에서 잘 드러난다. 첫 번째 이야기는 마태복음 14장 22-33절이다. 여기에서 우리는 밤중에 배를 타고 호수를 건너다가 폭풍우를 만난 제자들에게 물 위를 걸어서 찾아오신 예수님에 대한 이야기를 들을 수 있다. 안심하고 두려워하지 말라는 예수님의 말씀에, 베드로는 "주여 만일 주님이시거든 나를 명하사 물 위로 오라 하소서"(마 14:28)라고 반응한다. 예수님께서 오라고 말씀하시자 베드로는 배에서 내려 물 위를 걸어 예수님께로 다가갔다. 그는 예수님의 말씀을 믿고 인간으로서는 할 수 없는 일을 했다. 그는 자신의 부족한 믿음이 아니라 예수님이 자신에게 하신 말씀에 의지했다. 그 말씀이 그의 믿음을 불러일으켜 그대로 행할 수 있게 하였다.

베드로에 대한 또 다른 이야기는 누가복음 5장 1-11절에 기록되어 있다. 여기에서 우리는 예수님께서 베드로의 배에 올라 하나님의 말씀을 듣기 위해 몰려든 군중들을 가르치시는 장면을 볼 수 있다. 말씀이 끝날 무렵, 예수님은 동료들과 밤새도록 그물을 내렸지만 물고기를 잡지 못한 베드로를 향해 눈을 돌리셨다. 예수님께서는 밤낮 수고하여도 고기가 안 잡히던 호수 깊은 곳으로 나가 그물을 내리라고 말씀하셨다. 그러자 베드로가 이렇게 대답한다. "선생님 우리들이 밤이 새도록 수고하였으되 잡은 것이 없지마는 말씀에 의지하여 내가 그물을 내리리이다"(눅 5:5). 베드로는 예수님의 터무니없는 말씀에 거부감을 느끼면서도 예수님의 말씀을 붙잡고 그물을 내려 엄청난 고기를 잡았다. 이처럼 베드로가 예수님의 말씀에 의지한 것은 훗날 사도로서 하나님의 말씀으로 사람을 낚는 일에 더 큰 성공을 거둔 것과 마찬가지로 그의 사역에 성공을 가져다준다(눅 5:10). 이 두 경우 모두 인간적인 차원에서 보면 비현실적이고 불가능한 일이다. 하지만 이런 일들을 가능하게 만든 능력의 근원은 예수님의 강력한 말씀에 대한 베드로의 신뢰의 마음이다.

그러므로 히브리서 저자는 "하나님의 말씀은 살아 있고 활력이 있어"(히 4:12)라고 분명히 밝힌다. 하나님의 말씀은 말씀대로 행하는 것 뿐만 아니라 말씀을 듣는 사람들에게 활력을 불어넣는 데에도 적극적이다. 말씀은 듣는 이들에게 역사할 뿐만 아니라 그들 안에서도 역사한다. 원어인 헬라어를 직역하면 "작동 중"이라는 뜻이 된다. 말씀은 말씀을 듣는 사람들 안에서 작동한다. 그것이 그들에게 활력을 불어넣는다. 전류가 전기모터에 활력을 불어넣는 것처럼, 하나님의 말씀은 다른 어떤 방법으로도 할 수 없는 일을 할 수 있게 한다. 바울은 같은 동사를 사용하여 예수님을 죽은 자 가운데서 살리신 하나님께서 모든 믿는 사람들에게도 동일하게 역사하신다는 것(엡 1:19)과 예수님의 복음을 듣고 믿는 사람들에게 성령을 통해 기적을 행하신다는 것을 이야기한다(갈 5:1-5). 그는 같은 동사를 사용하여 하나님께서 베드로의 유대인 사역에서 역사하셨던 것처럼, 이방인의 사도로 부르심을 받은 그의 사역에서도 역사하셨다고 주장한다(갈 2:8, 엡 3:6 참조). 심지어 빌립보교회의 모든 성도에게 두렵고 떨림으로 구원을 이루라고 말하는데, 이는 그들 안에서 자기의 기쁘신 뜻을 위하여 역사하시는 분이 하나님이시기 때문이다(갈 2:12-13). 하나님께서는 그들처럼 우리도 하나님을 기쁘시게 하는 일을 하기 원하실 뿐만 아니라, 그분의 선하시고 은혜로운 뜻을 행하는데 필요한 힘을 불어넣어 주신다.

하나님의 말씀은 모든 그리스도인 안에서 역사한다. 데살로니가교회에 보낸 첫 번째 편지에서 바울과 그의 동료들은 하나님께서 말씀을 통해 모든 성도에게 행하신 일에 대하여 감사한다. 먼저, 그는 오히려 이상할 정도로 복음이 "능력과 성령의 큰 확신으로"(살전 1:2-5) 그들에게 임하면서, 그들이 신자로서 보여준 일들, 곧 믿음의 역사, 사랑의 수고, 소망의 인내, 그리고 하나님께서 그들 안에서 행하신 일들에 대하여 하나님께 감사한다. 기쁨으로 받은 말씀은 그 말씀 안에서 믿음과 사랑, 그리고 소망의 인내를 낳았다. 하나님의 말씀은 그들에게 성령의 능력을 더하여 핍박을 견디고, 복음을 널리 전파할 수 있게 하였다(살전 1:6-8).

그리고 잠시 후, 편지에서 그들은 다음과 같은 말로 좀 더 구체적으로 하나님께 감사한다. "우리가 하나님께 끊임없이 감사하는 것은, 여러분이 우리에게서 하나님의 말씀을 받을 때에, 사람의 말로 받아들이지 아니하고, 실제 그대로, 하나님의 말씀으로 받아들였기 때문입니다."(살전 2:13 새번역 성경) 하나님의 말씀, 곧 하나님의 복음(살전 2:2, 9)은 비록 사람의 언어로 사람을 통해 선포되었지만, 하나님의 말씀이기 때문에 사람들에게 활력을 불어넣는 힘이 있다. 하나님께서는 모든 사람이 하나님의 일을 할 수 있도록 힘을 주신 것이 아니라, 그 말씀을 하나님의 말씀으로 듣고, 하나님의 말씀으로 받아들이며, 자신에게 선포된 말씀으로 믿고 순종하는 사람들에게만 그 힘을 주셨다.

하나님의 말씀은 하나님이 우리를 위해 무엇을 하셨고, 무엇을 하고 계신지를 깨닫게 한다. 하나님의 말씀은 우리가 하나님을 위해 일하도록 부르시고, 우리가 하나님을 위해 무엇을 해야 하는지 알려준다. 그러나 말씀은 거기서 멈추지 않고 우리가 부르심을 받은 일을 성취하기까지 우리를 홀로 두지 않으신다. 오히려 우리가 예수님과 함께 세상을 향한 그분의 사역에 동참할 수 있도록 계속해서 힘을 더해 주신다. 또한 하나님의 말씀은 우리가 예수님으로부터 받은 선물을 전할 수 있게 해준다. 하나님의 말씀은 성령을 통해 우리에게 힘을 더해 주시며, 활력을 주시는 하나님의 말씀을 듣고 행할 수 있게 하신다.

이런 점에서 우리는 음악에 맞춰 몸을 움직이는 발레 무용수들과 같다. 음악이 무용수들에게 무엇을 해야 하는지 알려주는 것은 아니지만, 무용수들을 신체적, 정신적으로 움직이게 하는 것은 사실이다. 무용수들은 음악에 맞춰 춤을 추면서 몸과 마음으로 음악을 듣는다. 음악과 함께 춤을 추면서 몸과 마음으로 음악을 느끼고 음악에 자신을 내어 맡긴다. 그들은 듣는 것과 동작하는 것을 분리시키지 않는다. 그들에게 듣는 것과 동작하는 것은 하나이며 동일한 것이다. 예수님의 제자로서 예수님을 따르며 그분의 말씀을 듣도록 부르심을 받은 우리도 마찬가지다. 우리는 듣고 행하는 자가 되어야 한다.

예수님은 마태복음 7장 24-27절의 산상수훈과 누가복음

6장 17–19절의 평지 설교의 결론에서 이를 매우 예리하게 지적하신다. 이 두 구절에서 예수님은 말씀을 따라 행하는 사람과 말씀을 듣기만 하는 사람을 반석 위에 지은 집과 흔들리는 모래 위에 지은 집에 비유하여 대조하신다. 그러나 이 비유는 너무나도 쉽게 잘못 이해되거나 윤리적인 방식으로 잘못 적용된다. 예수님은 신학적 이론과 도덕적 행위를 놓고 비교하시지 않는다. 예수님은 제자들이 율법에 대한 순종이 아니라 복음의 빛에 비추어 하나님의 말씀에 순종하는 믿음의 순종으로 부르셨다. 히브리어와 헬라어에서 순종의 문자적 의미는 명령이든 약속이든 말씀에 귀를 기울이는 것이다. 하나님의 말씀에 의지하여 그분이 주시겠다고 약속하신 것을 받고, 그 말씀이 주시는 능력으로 하나님께서 말씀하신 것을 행하는 것이다. 사람이 자기 힘으로는 하나님이 요구하시는 것을 할 수 없으며, 오직 예수님과 그분의 말씀에 의지해야만 할 수 있다. 누가복음에서 예수님은 자신에게 와서 말씀을 듣고 행하는 사람들과 듣고도 행하지 않는 사람들을 대조하여 이것을 강조하신다(눅 6:47). 그들은 사실 말씀을 전혀 듣지 않은 것이다.

예수님과 그분의 말씀은 신앙생활의 기초가 될 뿐만 아니라 믿음과 행함의 기초가 된다. 그리스도와 그분의 말씀을 떠나서는 그분을 믿을 수도 없고, 하나님의 가족으로 그분과 함께 일할 수도 없다. 예수님의 말씀을 신실하게 들으면, 그 말씀을 신실하게 행하게 된다. 이는 동전의 양면과 같다. 그러나 듣는 것이 먼저 온다. 그다음 들은 것에 대한 행함이 함께 온다. 하나님의 말씀을 제대로 듣는다는 것은 그 말씀의 내용을 이해하는 것을 포함하듯, 그 말씀을 믿는다는 것은 그 말씀대로 행하는 것을 포함한다. 예수님은 잠시 후, 누가복음에서 자신의 어머니와 형제들과 관련하여 같은 맥락의 말씀을 하신다. "내 어머니와 내 동생들은 곧 하나님의 말씀을 듣고 행하는 이 사람들이라"(눅 8:21).

예수님은 우리가 무엇을 해야 하는지 알려주시고 예수님과 함께 사역할 수 있도록 힘을 주시기 위해 말씀을 주신다. 이것은 기도와 찬양에 관한 성경의 가르침에서 아주 분명하게 언급되어 있다.

예수님은 요한복음에서 말씀과 기도의 연관성에 대해 제자들에게 이렇게 말씀하셨다. "너희가 내 안에 거하고 내 말이 너희 안에 거하면 무엇이든지 원하는 대로 구하라 그리하면 이루리라"(요 15:7). 예수님은 제자들에게 하나님으로부터 받고자 하는 것을 위해 기도하라고 명령하시고, 그 기도가 응답될 것이라고 약속하셨다. 그러나 그 약속은 놀라운 방식으로 보장된다. 제자들이 기도할 때, 두 가지 조건만 충

족하면 된다. 첫째, 그들이 예수님 안에 거하고 그분과 하나
가 되어야 한다. 그래야 그들이 기도할 때, 예수님께서 그들
을 인도하시고 그들에게 힘을 주실 수 있다. 그래야 혼자 기
도하는 것이 아니라 예수님과 함께 기도할 수 있고, 그분의
이름으로 기도할 수 있다(요 14:13, 15:16, 16:23-24). 그런
방식으로, 예수님께서 기도 가운데 그들과 함께 하시는 것처
럼, 그들도 기도 가운데 예수님과 함께하게 되는 것이다.

둘째, 예수님의 말씀이 제자들 안에 머물러야 제자들이 무
엇을 위해 기도해야 하는지 알고, 그 말씀에 의지해 기도할
힘을 얻게 된다. 예수님은 명령을 통해서는 제자들에게 기도
할 것과 기도해야 할 내용을 알려주시고, 약속을 통해서는
자신과 다른 사람들에 대하여 무엇을 얻게 될 것인지 알려주
신다. 또한 그들에게 그분의 말씀을 주심을 통해서는 모든
사람을 향한 하나님의 선하시고 은혜로우신 뜻에 따라 기도
할 수 있게 하신다(요 15:14-16). 그분의 말씀이 그들 안에
남아 있으면 그들은 그분의 뜻과 소망이 무엇인지 알게 될
것이다. 하나님의 말씀으로 인하여 그들의 뜻과 하나님의 뜻
이 하나되게 될 것이다. 그분의 뜻대로 그분이 원하는 것을
구할 때, 그들은 자신과 다른 사람들을 위해 무엇이든 자유
롭고 자신있게 구할 수 있으며, 하나님의 뜻을 따라 기도하
는 것이기 때문에 이루어지게 될 것이다(요일 5:14-15).

하나님의 말씀

골로새서 3장 16절에서 바울은 그리스도의 말씀과 감사의 노래 사이의 관련성을 추적한다. "그리스도의 말씀이 여러분 가운데 풍성히 살아 있게 하십시오. 온갖 지혜로 서로 가르치고 권고하십시오. 감사한 마음으로 시와 찬미와 신령한 노래로 여러분의 하나님께 마음을 다하여 찬양하십시오."(새번역성경) 그리스도의 복음은 하나님의 백성들에게 하나님의 은혜를 전달하기 때문에, 공동체적인 감사의 노래를 불러일으킨다. 그리스도의 말씀이 사람들의 마음에 자리를 잡으면, 온갖 종류의 노래를 만들어 낸다. 예수님의 노래를 부를때, 성도들의 마음속에는 그분의 은혜가 깃들고, 하나님께 감사하게 된다. 그리스도의 말씀은 노래하는 모든 사람에게 은혜의 노래를 부르게 하며, 그 모든 풍성한 은혜 안에서 서로에게 지혜로운 교훈을 준다. 메시야이신 예수님을 노래하는 찬양은 노래하는 사람들의 마음을 하나님의 은혜와 그 은혜에 대한 감사로 가득 채운다. 따라서 그리스도의 말씀이 사람들 가운데 거할 때, 그 말씀은 그들을 감사의 찬양을 드리는 찬양대(讚揚隊)로 바꾸어 놓는다(골 3:15-17).

보다 일반적으로, **하나님의 말씀**은 우리의 기도와 찬양에 활력을 불어넣을 뿐만 아니라 우리가 말하고 행동하는 모든 것에 힘을 실어주신다(골 3:18). 우리는 그분의 이름 안에서 그분의 말씀으로 모든 일을 행한다. 우리는 그분의 말씀으로 세례를 준다(엡 6:17, 요일 2:14). 하나님의 말씀은 우리가 하는 모든 일에 힘을 불어 넣어주신다. 하나님께서 우리 안에서 그리고 우리를 통해서 일하시는 것처럼, 우리는 그분의 말씀을 통해서 하나님의 일을 한다.

히브리서 저자는 격려의 말씀(히 13:22)을 담은 그의 편지를 통해 살아 있으며, 활력이 있는 하나님의 말씀에 대하여 선포했다(히 4:12). 그러므로 그는 하나님의 큰 안식일, 곧 하늘의 안식을 주시는 때와 장소에 함께 들어가기를 권면한다(히 4:1-11). 예배를 위해 모일 때, 그들은 하나님께서 그들 안에서 일하실 수 있도록 안식해야 한다. 그들은 그들이 들은 말씀을 믿음으로써 안식에 들어간다(히 4:2-3). 우리도 그들과 마찬가지로 하나님의 말씀을 듣고 그 말씀을 믿음으로써, 하나님의 안식처에 들어간다. 우리는 우리의 노력과 열심을 통해 우리를 구원하고 지키는 것이 아니라, 그분의 활력이 있는 말씀에 의지하여 구원을 얻는 것이다.

XII

일하시는 하나님의 말씀

"너희 말을 듣는 자는 곧 내 말을 듣는 것이요"

누가복음 10:16

세례와 함께 시작된 예수님의 사역은 승천하신 후에도 계속되었다. 예수님은 승천하시면서 사도들에게 자신이 세상 끝날까지 그분의 교회에서 제자들과 함께하실 것임을 분명히 말씀하셨다. 승천하신 후에는 더 이상 시간과 공간과 물질의 일반적인 한계에 얽매이지 않으시고 보이지 않는 방식으로 임재하셔서 제자들과 함께하셨다. 사도행전 서문에서 누가는 한 걸음 더 나아간다. 그는 "데오빌로여 내가 먼저 쓴 글에는 무릇 예수께서 행하시며 가르치시기를 시작하심부터 그가 택하신 사도들에게 성령으로 명하시고 승천하신 날까지의 일을 기록하였노라"(행 1:1-2)고 말한다. 여기서 핵심 단어는 "시작"이다. 누가는 예수님께서 자신이 세운 공동체 안에서, 공동체

하나님의 말씀

를 통해 말씀하시고, 행하시는 사역을 계속하셨다고 이야기
한다. 누가는 복음서에서 예수님이 승천하시기 전에 하신 일
을 독자들에게 전했고, 사도행전에서는 누가복음 24장 47절
에서 죄 사함을 받게 하는 회개가 예루살렘에서 시작하여 모
든 족속에게 전파될 것이라는 말씀이 성취되기까지 이 일을
계속하신 과정을 기록했다.

확실히 예수님은 자신의 죽음과 부활로 구속 사역을 완성
하셨다. 그러나 그 후에도 예수님은 지속적인 복음 전파를
통해 속죄의 희생으로 얻은 혜택을 전해주셨다. 그분의 대속
적인 죽음으로 얻은 용서는 오늘날 믿는 사람들에게 죄 사함
의 말씀을 통해 전달된다(행 13:38-39). 하나님은 예수님을
모든 사람을 위한 대속물로 내어주심으로, 세상과 자신을 화
목하게 하셨을 뿐만 아니라, 바울을 비롯한 모든 말씀 사역
자들에게도 화목하게 하는 직분을 주셨다(고후 5:18-21). 이
들을 통해 예수님은 사람들에게 화해를 하나님의 선물로 주
셨다. 이 말씀 사역자들은 화해의 말씀으로 사람들을 하나님
과 화해시킨다. 그들은 예수님과 함께 사람들에게 하나님의
은혜와 자비, 그분의 용서와 용납, 그리고 구원과 칭의의 선
물을 주기 위해 힘쓴다(고후 6:1-2).

에베소서 2장 17-18절에서 바울은 현재 진행 중인 예수님
의 사역에 대하여 놀랍도록 인상적인 방식으로 이야기한다.

"그분은 오셔서 멀리 떨어져 있는 여러분에게 평화를 전하셨으며, 가까이 있는 사람들에게도 평화를 전하셨습니다. 이방 사람과 유대 사람 양쪽 모두, 그리스도를 통하여 한 성령 안에서 아버지께 나아가게 되었습니다."(새번역성경) 실제로 아볼로와 바울은 하나님으로부터 멀리 있는 이방인과 가까이 있는 유대인들에게 직접 가서 하나님의 평안을 전했다(행 18:24-19:10). 그러나 여기서 예수님께서는 그들을 예수님의 대리인으로 삼아 복음을 전함으로써 에베소에 있는 사람들에게 복음을 전하셨으며, 이들이 그들의 설교를 통해 성령 안에서 하나님 아버지께로 나아갈 수 있도록 하셨다. 그들은 예수님이 그들에게 전한 말씀을 통하여 아버지께 나아갈 수 있었다.

예수님은 땅에서의 사역에서 두 종류의 청중들에게 하나님의 말씀을 가르치셨다. 먼저는 예수님의 말씀을 듣고자 모여든 무리이며, 다음은 예수님의 말씀을 듣고 믿은 제자들이다. 제자들을 믿음의 공동체로 만든 말씀은 또한 그들을 세워 그들이 주님과 함께 다른 사람들에도 말씀을 전하는 일을 할 수 있도록 준비시켜 주었다(행 20:32). 이 장에서는 예배 가운데 하나님의 말씀이 어떤 역할을 하는지 살펴보는데 초점을 맞추고자 한다.

하나님의 말씀

예수님께서 하나님의 복음을 전하고 가르치시며 세우신 공동체는 처음에 열한 사도를 포함하여 약 120명 정도의 성도로 구성되어 있었다(행 1:12-25). 그들은 마가의 어머니 마리아의 소유였던 큰 다락방이 있는 집에 모였다(행 12:2, 12). 예수님께서 제자들에게 고별 설교를 하시고 제자들과 함께 만찬을 베풀었던 장소와 같은 곳이다(눅 22:12). 예루살렘 신자들이 모인 이 공동체는 교회라고 불렸다(행 5:11, 8:1, 3, 11). 그들은 하나님의 말씀을 통해 하나님의 말씀을 전파하기 위해 모인 사람들이었다. 그곳의 신자들은 사도들이 가르치는 말씀을 배우는데 헌신했고, 서로 떡을 떼는 일과, 기도에 힘썼다(행 2:42). 초대교회뿐만 아니라 다른 모든 교회에서도 부활하신 예수님의 가르침과 사역은 여전히 계속되고 있다.

누가복음 24장 13-35절에 나오는 엠마오로 가는 길에 두 제자에게 나타나신 예수님 이야기는 부활하신 예수님께서 어떻게 사역을 계속하셨는지 잘 보여준다. 이 이야기는 부활 주일 저녁에 무슨 일이 일어났는지 말해 준다. 이름 없는 두 제자는 예수님의 부활에 대하여 들었지만, 그 의미를 이해하지 못했다. 예수님이 그들의 여정에 합류했을 때도 그들은 예수님을 알아보지 못했다. 그들이 아는 한, 예수님은 이미 죽어서 장사 지낸 분이었기 때문이다. 예수님의 죽음은 예수

님의 사역의 끝이자 제자들이 품고 있었던 구원에 대한 소망
의 끝이기도 했다. 그런 상황에서 예수님은 두 단계로 제자
들에게 자신을 나타내셨다. 첫째, 구약성경을 통해 자신에
대한 것을 자세히 가르치셨다. 예수님은 성경을 열어 메시야
이신 그리스도가 영광에 들어가시기 전에 어떻게, 그리고 왜
고난을 당하고 죽어야 했는지 보여주셨다. 그러나 제자들은
마음이 기쁨으로 뜨거워졌지만 여전히 예수님을 알아보지
못했다. 그러다가 날이 저물자 제자들은 예수님을 그들의 손
님으로 초청하여 하룻밤을 함께 보내고자 했다. 그런데 그들
이 저녁 식사 자리에 앉았을 때, 손님이신 예수님께서 마치
주인인 것처럼 행동하셨다. 사흘 전 성만찬을 베푸셨을 때와
마찬가지로 떡을 가지사 축사하시고 떼어 그들에게 주셨다.
제자들은 누가가 성찬을 가리키는 용어인 떡을 떼는 모습에
서 그분이 누구인지 깨달았다(눅 24:35, 행 2:42, 46, 20:7).
그러나 제자들이 예수님을 알아보자마자 그분은 그들의 시
야에서 사라져 버리셨다.

이 이야기는 우리가 예배의 자리에 모일 때, 부활하신 예
수님께서 우리를 어떻게 섬기시는지 보여준다. 매주 주일,
보이지 않는 동반자로서 우리와 함께 인생을 여행하시는 부
활의 주님은 우리의 예배 가운데 말과 행동으로 자신을 나타
내신다. 이것은 두 단계로 진행된다. 첫째, 예수님은 마치 우

리가 신약을 읽고 그 본문에 가지고 설교하면서 십자가에 못 박히시고 부활하신 우리 주님에 대하여 가르치는 것처럼, 구약의 하나님 말씀을 사용하여 자신에 대하여 가르치신다. 둘째, 주님은 식사를 주관하시며 우리에게 자신에 대해 말씀하시고 그분의 살과 피로 우리를 먹이신다.

우리는 이 극적인 기록에서 하나님의 말씀을 전파하는 것에 대하여 두 가지를 발견하게 된다. 첫째, 예수님 자신이 하나님의 백성들의 모임인 교회의 설교자가 되신다. 또한 예수님은 설교 그 자체다. 그분은 거룩한 예배를 통하여 우리에게 자기 자신을 전파하신다. 주님은 우리에게 하신 주님의 말씀을 통해 자신을 우리에게 내어 주신다. 설교자들은 예수님의 대변인에 불과하다. 주님은 "너희 말을 듣는 자는 곧 내 말을 듣는 자"(눅 10:16)라고 말씀하신다. 우리가 그들의 말을 듣는다면, 우리는 그분과 그분을 보내신 아버지를 영접하는 것이다(마 10:40).

둘째, 복음 전파는 주님의 만찬과 밀접한 관련이 있다. 예수님께서 우리에게 말씀으로 들려주신 자신에 대한 이야기는 성찬을 받을 때, 제정하신 말씀을 통해 우리에게 전달된다. 복음서와 그 설교에서 동일하게 증거하는 예수님은 성찬식에서 "… 받아서 먹으라 이것[떡]은 내 몸이니라 … 너희가 다 이것[잔]을 마시라 이것은 죄 사함을 얻게 하려고 많은 사

람을 위하여 흘리는 바 나의 피 곧 언약의 피니라"(마
26:26-28)고 말씀하심으로써 자신과 그분의 모든 선물을
우리에게 주었다. 거기서 예수님은 십자가에 달려 죽으심으
로써 우리를 위해 내어주신 살과 피를 선물로 주신 것이다.
이처럼 말씀을 전파하는 것은 성만찬과 함께 진행된다. 이
두 가지 모두 그분이 말씀하신 대로 행하신다. 예수님은 이
두 가지 방식으로 자신과 자신의 선물을 우리에게 주심으로
써 우리에게 자신을 가르치신다.

오순절 이후로 예수님은 그분의 말씀 위에 세워진 교회를
가르치고 전파하는 사역을 설교자들을 통해 계속하셨다. 교
회의 지도자들은 하나님의 말씀을 성도들에게 전하는 사람
들이었다(히 13:7). 시작은 베드로와 바울 같은 사도들이었
다. 그리고 그들과 함께 말씀 사역(행 6:4, 14:23)과 화해 사
역(고후 5:18)을 수행하도록 지명된 사람들이 그 뒤를 이었
다. 그들은 영적인 스승을 자칭하는 이들이 아니었으며, 하
나님의 은혜의 말씀이자 그리스도의 말씀(롬 10:14-17)인
복음을 전하도록 하나님께서 세우신 설교자들이었다(행
14:3, 20:24). 그들은 그리스도의 종이었으며, 말씀의 종이
었다(눅 1:2, 고전 4:1). 그들은 주님의 말씀을 선포하는 일
을 도왔다. 그러나 그들은 이 일을 주님과 분리되어 홀로 하

지 않았으며, 하나님의 임재 안에서 주님과 연합하여 감당했
다(고후 2:17, 12:19). 그들은 자신의 웅변술이나 설득력이
아닌 성령의 능력에 의지하여, 듣는 사람들이 그들이 아닌
예수님과 성령의 능력만을 의지하도록 했다(고전 2:4-5, 살
전 1:4-5). 그들의 기본적인 임무는 성도들에게 말씀을 전
하고, 그 말씀을 가르쳐 설득하고, 바로잡고 격려하는 것이
었다(딤후 4:1-3).

그들은 예수님이 함께하시는 제자들의 모임, 곧 하나님의
백성들로 구성된 회중에게 하나님의 말씀을 전하고 가르쳤
다. 우리는 드로아에서 이런 모임에 대한 이야기를 자연스럽
게 접하게 된다(행 20:7-12). 이들은 주일 저녁에 바울의 설
교를 듣고 주님의 만찬을 기념하기 위해 모였다. 성경을 읽
고 복음을 전하는 가운데 하나님의 말씀이 선포되었다. 신약
성경이 기록되기 전이기 때문에 초대교회의 사도들과 교사
들은 회당의 관습에 따라 모세 오경과 선지서를 한두 번 낭
독했다. 낭독을 마친 후, 교사는 예수님께서 나사렛 회당에
서(눅 4:16-21) 하셨던 것처럼, 바울이 비시디아 안디옥에
이르러 회당에서(행 13:14-41) 그랬던 것처럼 이 말씀을 통
해 사람들에게 복음을 선포했다.

고린도전서 4장 1절에서 바울은 자신과 소스데네를 "그리
스도의 종이며 하나님의 신비(개역개정성경에서는 '비밀'로

번역됨–역주)를 맡은 청지기"(NASB성경)라고 소개한다. 이는 바울에게만 적용되는 것이 아니라 모든 말씀 사역자에게 적용된다. 그들은 하나님의 신비를 맡은 청지기들이다. 그들은 설교를 통해 교회 안에서 그리스도의 신비를 선포한다. 그들은 부재 중인 그리스도를 대변하는 것이 아니라, 그들 가운데 계시며 보이지 않는 임재로 그들과 함께하시는 그리스도를 대변한다.

몇 년 전, 나는 라스트 웨이브The Last Wave라는 흥미진진한 호주 영화를 본 적이 있다. 시드니를 배경으로 한 이 영화는 시드니의 원주민 집단과의 만남을 통해 초자연적인 세계를 알게 된 비종교적이고 세속적이며, 고학력자인 한 청년의 이야기를 다루고 있다. 영화 중반에서 그는 성공회 신부인 양아버지를 찾아가 자신이 겪은 일을 이해할 수 있도록 설명해달라고 도움을 구하지만 실패한다. 그가 분노에 찬 목소리로, "아버지, 아버지는 저에게 어떤 신비에 대해서도 이야기한 적이 없잖아요!"라고 말하자, 화가 난 양아버지는 "그게 무슨 소리야!, 내가 너에게 기독교 신앙의 신비에 대해서 알려주려고 얼마나 노력했는데!"라고 대답했다. 그러자 아들은 "아버지는 한 번도 설명해주신 적이 없어요. 그저 설명하려고 노력하셨을 뿐이죠!"라고 외친다.

많은 현대인처럼, 우리도 신비와 비밀을 혼동하는 경향이 있다. 그래서 우리는 그것들을 설명하기 위해 노력한다. 하지만 신비와 비밀은 다르다. 둘 다 숨겨져 있고 알려지지 않은 무언가와 관련이 있지만, 신비는 한 가지 중요한 점에서 비밀과 다르다. 비밀은 자신이 모르는 동안에만 비밀로 남아 있다. 일단 밝혀지면 비밀은 더 이상 비밀이 아니다. 그러나 신비는 밝혀진 후에도 신비로 남아 있다. 사실 더 많이 알면 알수록 더 신비로운 것이 된다. 예를 들어 인생이나 사랑의 신비를 생각해 보라. 그것들에 대해 몇 가지 정도 설명할 수는 있어도 그것이 무엇인지에 대하여는 결코 설명할 수 없다. 아무리 정확한 설명이라도 사람이 연필로 종이에 그린 스케치와 같아서 실물을 대신할 수는 없다.

씨 뿌리는 자의 비유에 대한 설명에서 예수님께서는 하나님의 신비는 말씀 선포를 통해 드러난다고 말씀하신다(막 4:11, 참조. 마 13:11, 눅 8:10). 예수님께서 사람들에게 이 비유를 말씀하신 후, 열두 사도와 나머지 제자들은 이 비유를 설명해주시기를 요청했다. 그러자 예수님은 하나님 나라의 신비는 오직 그들에게만 주어졌기 때문에 제자가 아닌 사람들은 아무리 예수님이 하시는 일을 보고 예수님의 말씀을 들어도 그 신비에 접근할 수 없다고 말씀하셨다.

마가복음에서 예수님은 하나님 나라의 신비, 즉 창조 세

계 전체를 다스리는 하나님의 궁극적인 통치에 대하여 다섯
가지 중요한 내용을 말씀하신다(막 4:1-25). 첫째, 세상에서
하나님의 은혜로운 통치는 인간의 눈에는 보이지 않지만, 메
시야이신 예수님 안에서 드러난다. 예수님은 자신의 인성을
통해 하나님 나라의 신비를 구체적으로 나타내 보여주신다.
그분은 신비롭게도 성육신과 가르침, 희생적인 죽음을 통해
하나님 나라로 인도하신다. 하나님의 아들이자 메시야라는
정체성과 마찬가지로 그분의 왕국은 인간의 인식으로는 명
확하게 이해할 수 없다. 역설적이게도 예수님은 그 신비가
그분이 가르치시는 비유를 통해 드러나도록 자신의 인성 안
에 감추어 두셨다(막 4:11-12). 그분의 말씀은 인간의 지각
으로는 인식할 수 없는, 숨겨 둔 것은 드러내시고 감추어둔
것을 나타내신다(막 4:22).

둘째, 하나님께서는 예수님께서 설교하고 가르치시는 말
씀을 통해 하나님 나라의 신비를 드러내신다. "주어졌다(개
역개정성경에서는 능동형 '주셨다'로 표현되어 있지만, 영어
성경에서는 주로 수동태로 표현됨-역주)"라는 신학적 수동
태의 사용은 하나님 아버지께서 제자들에게 그 신비에 대한
접근 권한을 주셨음을 나타낸다(막 4:11). 예수님은 씨를 뿌
리는 자, 곧 말씀을 받는 사람들에게 회개를 불러일으키고
용서를 베푸시는 하나님의 말씀이시다.

셋째, 오직 제자들만이 이 신비에 접근 할 수가 있다(막 4:11). 놀랍게도 이 신비를 드러내는 말씀은 모든 사람에게 전파된다. 그러나 예수님은 자신을 믿는 제자들에게만 이 말씀을 풀어 설명해 주신다(막 4:1, 10-13, 33-34). 예수님은 그들을 하나님 나라의 신비로 이끄신다. 신비를 알아 들을 수 있는 귀는 그들에게만 있다(막 4:9, 23). 왜냐하면 신비는 언제나 하나님의 말씀을 들음을 통해서만 얻을 수 있으며, 소유할 수 있는 거룩한 선물이기 때문이다. 예수님의 제자들은 예수님과 예수님이 하시는 일을 주의 깊게 관찰해서 깨닫게 되는 것이 아니다. 오히려 그분의 말씀을 듣는 것을 통해 그 신비를 깨닫게 된다.

넷째, 신비를 드러내는 말씀은 한밤중에 방이 하나뿐인 고대 팔레스타인의 집을 밝히는 등불과 같다(막 4:21-23). 복음 전파는 아버지께서 그분의 왕 같은 자녀들에게 자신을 계시하시는 것으로, 예수님의 제자들을 밝히 깨우치시는 신성한 자기 현현顯現이다. 그것은 그들 안에서 빛의 열매를 맺는다. 예수님은 하나님 나라의 숨겨진 신비를 시각적으로 드러내시지는 않지만 설교를 통하여 말씀으로 드러내셨다. 그 모습은 구약성경의 신현神顯현상(신이 눈에 보이는 모습으로 인간에게 나타나는 것-역주)과 비슷하다. 이교도들이 우상을 통해 신의 모습을 가시적으로 보여줌으로써 언제든지 접근

할 수 있게 했던 것과는 달리, 하나님은 시내산에서 이스라엘 백성들에게 말씀하심으로, 신성한 제사 의식에서 아론의 축도와 함께 그분의 이름을 언급하게 하심으로 자신을 나타내셨다. 마찬가지로, 이 시대에도 예수님은 제자들에게 하신 말씀을 통해 하나님의 숨겨진 임재를 드러내신다.

마가복음에서 예수님께서 하나님 나라의 신비(단수형)에 대해 말씀하신 것은 마가가 예수님 안에 실현된 하나님의 나라를 강조하고 싶었기 때문이다. 반면에 마태복음과 누가복음에서는 신비(복수형)를 깨닫는 지식에 대하여 말씀하신다. 이들의 초점은 예수 그리스도를 영접하고 그분의 가르침을 받아들여서 얻게 된, 하나님의 다양한 은총에 대한 이들의 접근에 맞추어져 있다.

마태는 말씀을 이해하는데 중점을 둔다(마 13:13, 14, 15, 19, 23). 그는 깨달은 자에게 주어지는 은혜의 풍성함에 대한 해석적 문장만 언급하고, 등불 비유를 생략해 버렸다. 여기서는 오히려 하나님께서 제자들에게 주신 지식의 선물(마 13:12)과 회개와 신성한 치유로 이끄는 지식(마 13:15)에 대한 예수님의 말씀이 추가된다. 마태는 또한 모든 선지자가 그토록 열망했던 것을 직접 보고 듣게 된 제자들에게 주신 예수님의 축복의 말씀을 덧붙인다(마 13:16-17). 이처럼 마태복음에서는 하나님 나라의 말씀을 이해하는 사람들의 이

해 수준에 따라 다양한 영적인 결실을 맺는다. 신현神顯현상
은 영적인 이해, 곧 하나님의 숨겨진 통치의 신비를 메시야
적인 왕이신 예수님을 통해 깨닫는 것에서 비롯된다.

마태복음과 마찬가지로 누가는 말씀을 들음으로써 하나
님 나라의 신비에 대한 지식을 얻게 된다는 점을 강조한다.
한편으로 그는 "들어가는 자들로 그 빛을 보게 하려 함"(눅
8:16)이라는 단서를 덧붙여 신적인 현현顯現의 장소로서 교회
의 역할을 강조한다. 그는 당대에 복음이 전파되던 가정 교
회를 떠올리고 있는 듯하다. 깨달음을 주는 말씀은 각 사람
을 비추고, 어두운 세상을 향해 빛을 발한다. 이처럼 복음 전
파는 교회 밖에 있는 사람들을 교회와 그리스도의 빛 안으로
끌어들인다. 하지만 누가복음에서 예수님은 마가복음과 마
태복음에서처럼 무엇을 듣는 지에 초점을 맞추는 대신, 하나
님의 말씀을 어떻게 들을 수 있는 지에 대해 말씀하신다(눅
8:18). 구원을 얻는 믿음(눅 8:12)과 깨달음의 열매(눅 8:16-
18)를 얻기 위해서는 말씀을 계속 들어야 한다. 선하고 정직
한 마음으로 말씀을 계속 듣고 묵상을 통해 말씀을 마음에
간직하는 사람만이 하나님의 신비에 대해 실제적이고 체험
적이고 경험적인 지식을 은사로 받게 되는데, 이는 말씀만이
이 지식에 지속적으로 접근할 수 있게 해주기 때문이다. 그
래서 누가복음에서 하나님의 말씀은 제자들에게 깨달음과

구원에 대한 지식을 주고, 그 말씀을 마음에 지속적으로 간직함으로써 하나님 나라의 신비 속으로 들어가게 한다. 복음은 그리스도의 제자들로 구성된 공동체를 환히 밝히고, 그들로부터 세상을 향해 빛을 비추어, 어둠 속에 있는 사람들을 하나님의 임재의 빛으로 인도한다. 그러므로 교회는 신적인 현현顯現의 장소이며, 선포되는 하나님의 말씀을 통해 거룩한 신비가 드러나는 곳이다.

거룩한 예배에서 하나님의 말씀이 선포될 때, 사람들은 그리스도의 신비에 다가서게 된다. 바울은 골로새서 1장 25-27절에서 자신이 그 신비를 공개한 것에 대하여 이렇게 말한다. "나는 하나님께서 여러분을 위하여 하나님의 말씀을 남김없이 전파하게 하시려고 내게 맡기신 사명을 따라, 교회의 일꾼이 되었습니다. 이 신비(한글성경에서는 주로 비밀로 번역됨, 본서의 맥락에서는 신비로 번역하는 것이 더 적합함 -역주)는 영원 전부터 모든 세대에게 감추어져 있었는데, 지금은 그 성도들에게 드러났습니다. 하나님께서는 이방 사람 가운데 나타난 이 신비의 영광이 얼마나 풍성한지를 성도들에게 알리려고 하셨습니다. 이 신비는 여러분 안에 계신 그리스도요, 곧 영광의 소망입니다."(새번역성경) 여기서 바울은 자신을 신비를 맡은 청지기로 묘사한다. 이 신비는 교회

의 자기 백성들과 함께 부활하셔서 영광을 받으신 우리 주
예수 그리스도의 숨겨진 임재다. 바울은 그리스도와 연합하
여 그분의 거룩함에 참여하는 성도들에게 그분의 실제적 임
재의 신비를 드러낸다. 바울은 그들에게 하나님의 말씀, 곧
그리스도를 선포하고 듣는 이들에게 "생명과 불멸의 빛"을
주시는 복음을 전함으로써 부활하신 주님의 숨겨진 임재와
활동을 드러낸다(딤후 1:10). 그는 구약의 예언서를 통해 그
리스도의 신비를 전파한다(롬 16:25-26).

　하나님의 말씀을 떠나서는 부활하신 주 예수 그리스도에
대한 지식이나 경험을 얻을 수 없기 때문에 우리는 그분을
만날 수 없다. 그 말씀은 우리에게 그리스도의 임재를 선포
하고 그분을 우리에게 소개한다. 이 말씀은 눈으로 본 적도
없고, 귀로 들은 적도 없으며, 인간의 마음으로 생각지도 못
한 그리스도의 신비 속으로 우리를 인도한다(고전 2:6-10).
그분의 숨겨진 임재가 드러남으로써 우리는 이 땅에서 그분
의 영광을 엿볼 수 있다. 예배를 위해 모인 교회와 그곳에서
설교자들이 선포하는 하나님의 말씀을 통해서 우리는 전혀
예상치 못한 장소와 전혀 예상치 못한 방식으로 예수 그리스
도의 신비에 다가서게 된다.

우리가 품은
영원한 생명의 복된 소망을
항상 굳게 붙잡을 수 있게 하소서;

XIII

기록된 하나님의 말씀

"무엇이든지 전에 기록된 바는
우리의 교훈을 위하여 기록된 것이니
우리로 하여금 인내로 또는
성경의 위로로 소망을 가지게 함이니라"

로마서 15:4

하나님의 말씀은 살아 있고 활력이 있다. 이
말은 하나님의 말씀이 학술적인 분석이나 영적
인 원리의 발견, 또는 하나님과 우리 사이의 관
계에 대한 개념을 정리하기 위해 만들어진 단순한 문서가 아
니라는 뜻이다. 하나님의 말씀이 살아 있고 활력이 있다는
것은, 사람의 말이 입을 통해 귀와 마음으로 전달되는 것처
럼, 하나님의 말씀 또한 인격적인 만남을 통해 우리의 귀와
마음으로 전달되어 믿음의 확신과 소망을 준다는 것을 의미
한다. 놀랍게도 이것이 바로 현재 우리가 성경이라고 부르는

책이 기록된 이유다. 구전으로 전해지던 말씀이 기록된 것은
이 말씀을 안전하게 보존하고 더 잘 전달되도록 돕기 위해서
다. 따라서 성경은 그 자체로 설교와 가르침을 위한 텍스트
가 되었다. 기록된 말씀은 구전된 말씀을 대체하는 것이 아
니라, 오히려 말씀이 오랜 세월에 걸쳐 전승되어 대대로 말
하고 들을 수 있도록 하는 것이다. 이는 신구약성경 모두에
해당된다.

구약성경의 경우를 생각해 보자. 특정한 시간과 장소에서
특정한 목적을 위해 이스라엘 백성들에게 말씀하신 하나님
의 말씀은 다른 상황들, 심지어 모든 상황에서 그분의 백성
들에게 말씀하시고 들려질 수 있도록 기록되었다. 기록된 하
나님의 말씀은 원래의 청중을 넘어 모든 시간과 모든 장소에
존재하는 하나님의 백성들까지도 그 말씀의 청중이 되도록
돕는다. 예를 들어 아모스를 통해 선포된 북이스라엘에 대한
심판의 날에 대한 하나님의 말씀은 북이스라엘에 대한 말씀
으로 끝나지 않고, 남유다에 대한 하나님의 심판의 날에도
적용되고, 세상에 있는 하나님의 백성들을 위한 마지막 심판
의 날에도 적용될 수 있도록 수집되고 편집되며 인용된다.
이 기록물들을 통틀어 "성경"이라고 불렸는데, 이는 읽고 연
구하여 다시 적용하기 위해 기록되었다는 의미다. 그리고 후
대에 전하기 위해 기록된 하나님의 말씀은 호세아부터 말라

기까지 열두 권의 소예언서들처럼 비슷한 자료들끼리 함께 모아 하나의 두루마리로 묶였다. 뿐만 아니라 예수님이 계시던 시대에 이르러서는 예전적 권위와 가르침의 용도에 따라 "율법서", "예언서", 그리고 "성문서"(성문서는 누가복음 24장 44절에 언급된 것처럼 "시편"이라고 불리기도 함) 세 부분으로 분류되었다.

율법에 대한 다섯 개의 두루마리는 모세와 관련된 것으로 제사장들이 예루살렘 성전에서 예배와 제사를 규정하는데 사용되었다(스 3:2-5, 대상 6:49). 제사장들에게는 성스러운 예배의 방법과 절차를 교육하고, 이스라엘 백성들에게는 거룩한 하나님의 백성으로서 하나님의 뜻에 따라 예배에 참여하며, 바르게 살아가도록 가르쳤다.

히브리성경은 21권의 선지서를 여호수아부터 열왕기까지 여섯 명의 '전기 선지자'와 이사야부터 말라기까지 열다섯 명의 '후기 선지자'로 분류한다. 이 선지서들은 율법서와 함께 그 권위를 인정받아 회당에서 안식일마다 낭독하도록 규정되어 있었다. 율법서와 선지서를 낭독한 후에는 그 내용을 바탕으로 한 강론이 이어졌는데, 이는 하나님의 말씀이 구전되었던 이유가 듣는 사람들이 하나님의 명령에 순종하도록 가르치기 위해서였기 때문이다.

히브리성경의 세 번째 분류는 "성문서"들이다. 이 열세 권의 책들은 회당에서 정기적으로 읽고 가르치도록 공인된 것은 아니지만, 그 용도는 다양했다. 시편은 성전과 회당에서 자주 낭송되었다. 아가서, 룻기, 예레미야애가, 전도서, 에스더로 구성된 다섯 권의 '축제 두루마리'는 매년 기념일에 회당에서 낭독되었다. 잠언, 욥기, 다니엘, 에스라, 느헤미야, 역대기는 대부분 연구와 교육 목적으로만 사용되었다.

요약하자면, 구약성경은 노아에서 모세까지, 사무엘에서 말라기, 다윗에서 솔로몬에 이르기까지 하나님께서 선지자들을 통해 하나님의 백성들에게 말씀하신 내용을 모아 기록한 글들이다. 이들은 하나님의 선택을 받아 그분의 말씀을 듣고, 성령의 감동을 따라 다른 사람들에게 그 말씀을 전했기 때문에 선지자로 간주되었다(딤후 3:16, 벧후 1:21). 그들은 하나님의 백성에게 하나님의 말씀을 가르쳐야 했다. 여기에는 하나님의 종말론적 공동체(히 1:2), 곧 대제사장이신 예수님을 통하여 하나님의 임재 앞에 자유롭게 나아갈 수 있는 사람들의 모임(히 4:6, 10:19-22, 12:22-24)에 속한 우리도 포함된다.

초대교회에는 A.D. 3세기까지 신약성경이 없었다. 하지만 하나님의 말씀에 대한 많은 설교와 가르침이 있었다. 예수님과 사도들은 처음부터 복음을 전파할 때, 구약성경을 많

이 사용했다. 그들은 성경에 근거하여 말씀을 전했다. 그러
나 예수님 당시에도 히브리어나 헬라어 성경은 단일한 것이
아니었으며, 서른아홉 가지의 다양한 크기의 다른 문서들로
존재했다. 성경은 페이지가 있는 종이로 된 책에 기록된 것
이 아니라 가죽 양피지에 두루마리 형태로 기록되어 있었다
(눅 4:17). 오늘날 신약성경을 구성하는 성서들은 "성경"(딤
후 3:16, 벧후 1:20), 또는 히브리어로 신성한 가르침이라는
의미에서 "율법"(요 10:24, 롬 3:19, 고전 14:21), 회당과 교
회에서 읽고 가르치는데 사용되었기 때문에 "율법과 선지자"
라는 이름 등 당시 다양한 이름으로 불렸다. 이 기록물들은
성서들로서, 초대교회 사도들과 설교자들의 성경이었다. 그
들의 설교와 가르침에서 "기록된 말씀 밖으로 넘어가지 말
라"(고전 4:6)는 이 원칙에 충실히 따랐다. 그들의 말은 반드
시 성경의 말씀들과 일치해야 했다.

구약은 예수님의 성경이었다. 예수님은 그것을 하늘에 계
신 아버지의 말씀으로 여기셨고(요 10:35), 자기 자신에 대
하여 설교하시는데 사용하셨다(눅 24:21). 예수님은 성경이
자신에 대한 예언적 증거를 담고 있으며(요 5:39-42, 46,
참조. 눅 24:44), 성경 자체가 영생을 주는 것은 아니지만,
성경은 읽는 사람이 예수님을 믿는 믿음으로 영생을 구하고

얻도록 안내한다고 가르치셨다(요 5:39-40). 또한 예수님
은 율법을 폐하러 온 것이 아니라 예수님의 삶과 죽음, 그리
고 부활로 율법을 완성하기 위해서 오셨다고 가르치셨다(마
5:17-18, 눅 16:17).

구약은 또한 초대교회의 사도들과 설교자들의 성경이기
도 했다. 누가는 사도행전에서 이를 잘 보여준다. 사도행전
2장 14-36절에서 누가는 오순절 날 베드로가 요엘서 2장
16-21절, 시편 16편 8-11절, 시편 110편 1절을 사용하여 예
수님을 주*와 그리스도로 설교하는 것으로 시작하여, 사도
행전 28장 17-28절에서 바울이 로마에서 유대인들을 만나
율법과 선지자들을 통해 예수님을 전하고 복음을 믿지 않는
사람들에게 이사야 6장 9-10절로 경고하는 것으로 마무리
한다. 사도들의 설교는 바울이 남긴 말에 잘 요약되어 있다.
"우리는 하나님께서 조상들에게 하신 그 약속을 여러분에게
기쁜 소식으로 전합니다."(행 13:32 새번역성경)

이 모든 것이 교회에서 예배의 형식을 만들고 그 내용을
결정했다. 예수님을 하나님의 아들로 믿는 사람들은 부활하
신 주님을 만나기 위해 주일 저녁에 모였다. 그들은 예수님
의 복음을 듣고 그들의 주인 되시는 예수님의 성찬에 참여하
기 위해 모였다(행 20:7-11). 그 모임에서는 회당에서와 마
찬가지로 그들 중 리더 한 사람이 구약에서 한두 구절을 낭

독했다. 그런 다음 리더는 낭독한 본문으로 하나님의 말씀을 강론하며 예수님의 복음을 전했다. 바울은 에베소교회의 목회자인 디모데에게 이런 방식을 언급하며 다음과 같이 권면한다. "내가 갈 때까지, 성경을 읽는 일과 권면하는 일과 가르치는 일에 전념하십시오."(딤전 4:13 새번역성경)

사도행전 13장 14-41절에 나오는 바울의 설교를 통해서 당시 말씀을 사용하는 방식을 어느 정도 알 수가 있다. 먼저 바울은 아브라함을 부르실 때부터, 하나님의 뜻대로 행하고자 하는 다윗을 왕으로 택하실 때까지 하나님께서 이스라엘 백성들을 다루신 이야기를 다시 들려주며, 다윗의 후손인 예수님이 하나님께서 약속하신 구원자, 곧 자기 백성에게 하나님이 주시는 구원을 가져다주신 왕이심을 선포한다(행 13:17-26). 그런 다음 바울은 하나님께서 예수님을 통해 그들에게 가져다주신 구원에 대한 이야기로 넘어간다(행 13:27-41). 그는 예수님의 죽음과 부활에 대하여 이야기하면서 구약성경의 세 가지 예언 즉, 하나님께서 자기 아들을 메시야로 인정하신 시편 2편 7절의 예언, 하나님께서 다윗과 맺은 축복의 언약을 그의 자손들에게까지 확장하여 지키시겠다고 약속하신 이사야 55장 3절의 예언, 하나님께서 메시야의 몸이 썩지 않게 하시겠다고 말씀하신 시편 16편 10절의 다윗의 예언을 사용하여 사람들에게 복음을 전했다. 이를

하나님의 말씀

통해서 바울은 예수님을 구주로 믿는 사람들만이 예수님으로부터 죄 사함을 받게 될 것이라고 결론을 내린다. 그런 다음 바울은 하박국 1장 5절에 나오는 하나님의 말씀을 통해 불신의 무서운 결과에 대하여 경고하며 설교를 마무리한다. 안식일에 읽은 성경의 내용이 무엇인지는 알 수 없지만, 바울의 복음 설교가 구약성경 전체와 예수님에 의한 성취라는 두 가지를 중심으로 이루어졌다는 것은 알 수 있다. 그에게 있어서 구약성경과 예수님의 복음은 똑같이 권위 있는 하나님의 말씀이었다.

교회에서 예수님을 전하기 위해 구약성경을 사용하는 것은 신약성경에서 구약성경이 자주 인용되는 것에서도 알 수 있다. 일반적으로 "기록되었으되"라는 식으로 소개된다. 이는 설교하고 가르치는 내용이 구약을 기초로 하고 있다는 사실을 나타내는 것이다. 그러나 이러한 인용문의 기능은 오해받기가 너무나도 쉽다. 인용문은 상대방과의 토론에서처럼 논쟁에서 이기거나 법정에서처럼 법적 근거를 증명하기 위한 것이 아니다. 인용문을 인용한 설교자가 옳다는 것을 증명하거나 반대하는 사람이 틀렸다는 것을 증명하기 위한 것이 아니다. 오히려 인간의 말에서 하나님의 말씀으로, 인간의 가르침에서 하나님의 가르침으로 대화의 주체를 전환하기 위한 것이다. 설교자나 교사는 인간의 권위와 지식보다는 하나님의 지혜와 권위에 기초하여 가르쳐야 한다. 따라서 이러한 방식을 사용하면 모든 문제를 하나님 앞에 내려놓고 하나님의 말씀에 의지하여 판단과 결정을 내리게 된다.

구약성경을 인용하는 방식의 유익은 예수님께서 이 방식을 사용하신 데서 분명하게 드러난다. 예수님은 성경의 권위보다 자신의 권위로 말씀하시는 경우가 많았기 때문에 이런 방식을 사용하시는 것이 다소 놀랍게 느껴질 때가 있다. 율법 교사들과는 대조적으로 예수님은 "내가 너희에게 이르노니"(마 5:22, 26, 32, 34, 43)라고 선언하신다. 예수님께서 구약성경의 구절들을 인용하시는 경우는 예언의 성취를 알리기 위해(마 11:10, 26:31), 자신이 하는 일에 대하여 신적 권위를 주장하시기 위해(마 21:13, 막 7:6), 마귀를 물리치기 위해(마 4:4, 7, 10) 이 세 가지 정도다. 이 중에서도 마지막 상황에서 가장 잘 드러난다. 예수님은 광야에서 시험받으실 때, 자신을 대적하는 마귀와 논쟁에서 이기기 위해 성경을 인용하는 것이 아니라, 하늘 아버지의 권위를 주장하고 그분의 거룩한 능력을 사용하여 마귀를 정복하기 위해 성경을 인용하셨다(마 4:1-11).

예수님처럼 초대교회의 사도들과 설교자들도 성경을 사용하여 거룩한 능력, 곧 성령의 능력을 나타냈다. 그들은 성경이 성도들에게 이론이 아닌 실제적 가르침을 주기 위해 기록되었다고 믿었다. 그들은 그들이 전하는 하나님의 말씀을 통해 예수님을 믿고 예수님께 소망을 두도록 격려했다(요 5:39-40, 롬 15:4). 그리고 그들이 기록한 하나님의 행적을 역사하심을 통해, 하나님께서 그들을 구원하기 위해 하신 일들에 대하여는 긍정적으로, 불순종에 따르는 위험에 대해서는 부정적으로 가르쳤다(고전 10:1-12). 이처럼 바울은 구약성경이 교회에서 하나님의 백성을 가르치기 위해 기록되었다고 주장했다(고전 10:1-12). 무엇보다도 이 거룩한 기록들은 모든 신자가 "그리스도 예수 안에 있는 믿음으로 말미암아 구원에 이르는 지혜가 있게"(딤후 3:15)하기 위한 것이었다.

예수님과 사도들의 구전 가르침은 시간이 지나면서 기록으로 남았고, 현재 신약성경을 구성하는 책들로 엮이게 되었다. 물론 사도들의 서신과 같은 책들 중 일부는 처음부터 기록된 경우도 있었다. 그럼에도 불구하고 그 안에 담긴 자료는 구전으로 전해지는 가르침에 의해 형성되었을 뿐만 아니라, 대부분의 경우 사람들에게 설교 형식으로 낭독 되었다. 고린도전후서처럼 특정 교회나 로마서처럼 특정 지역에 있는 여러 교회에 보낸 서신도 있었다. 야고보서와 베드로전서처럼 여러 교회에 보내는 회람 서신으로 기록된 경우도 있다. 디모데전후서와 디도서와 같은 서신은 설교자들의 목회 활동을 지도하기 위해 쓰여졌다. 이런 서신서들은 시간이 지남에 따라 점점 더 널리 배포되어 전체 교회에서 일반적으로 사용되었다. 마침내 A.D. 2세기 말에는 이들 중 어느 것을 하나님의 말씀으로 받아들일 것인지에 대한 일반적인 합의가 이루어졌다. 이 책들은 공예배에서 구약성경과 함께 읽히고 설교와 가르침에 사용하도록 공식적으로 승인을 받았다. 그런 다음 이 목적에 맞게 한 권의 책으로 모아져서 오늘날 우리가 신약이라고 부르는 성경이 되었다.

신약성경이 기록된 주된 목적은 공예배에서 사용하기 위해서였다. 그러나 이밖에도 세례 지원자들의 교리교육, 목회자와 목회를 돕는 이들의 훈련, 거짓 교사들과 그들의 가르침으로부터 기독교 신앙을 방어하는데 사용되었다. 그러나 구약은 말할 것도 없이 신약의 사본도 너무 비싸서 개인이 소유하고 읽는 경우는 거의 없었다. 대부분의 교회 구성원들은 예배에서 성경을 낭독하고 강론할 때만 말씀을 들을 수 있었다. 따라서 하나님의 말씀은 지금도 그러하듯 대부분의 경우 구두로 전달되었다.

오늘날에도 성경은 다섯 가지 방식으로 신앙생활을 형성하고 있다.

하나님의 말씀

첫째, 성경 전체가 요한복음과 같은 목적을 가지고 있다. 요한복음 20장 31절에서 요한은 사람들이 예수님께서 하나님의 아들이자 그리스도이심을 믿고 그 이름을 힘입어 생명을 얻게 하려고 이 책이 기록되었다고 말한다. 무엇보다도 성경은 신앙을 위한 책이다. 하나님 아버지께서는 성경의 증언을 통하여 사도들이 전하는 말씀을 듣고 예수님을 믿는 사람들이 하나님께서 예수님과 함께, 예수님이 하나님과 함께 계신 것과 같이 믿음 안에서 하나가 되어 하나님께서 예수님을 세상으로 보내신 것을 믿게 해달라는 예수님의 기도에 응답하신다(요 17:20-21).

둘째, 성경은 공예배에서 하나님의 말씀으로 읽혀진다. 공예배에서 성경은 그 진가를 발휘한다. 그곳이야말로 성경이 있어야 할 곳이다. 특정한 예배에서 읽을 내용을 선택하는 것은 교회마다 다르지만, 영어권의 많은 교회는 성경 과정에 따라서 3년 주기로 세 개로 구성된 본문을 읽는다. 첫 번째 본문은 구약이나 사도행전 본문과 그와 연관된 시편이며, 두 번째 본문은 사도들의 서신, 세 번째 본문은 사복음서를 읽는 것이 일반적이다. 읽기의 범위는 "하나님의 모든 뜻"(행 20:27)을 포함하도록 되어 있다.

셋째, 말씀을 읽은 후, 설교를 통해 주어지는 선포와 가르침은 말씀의 한 구절 또는 전체를 바탕으로 한다. 설교자는 그들의 설교에서 자신의 생각이나 경험을 나누는 것이 아니라 예수님의 복음을 전파하고, 하나님의 말씀을 성도들을 비롯한 듣는 이들의 삶에 적용해야 한다. 이들이 설교자로 부르심을 받게 된 이유는 하나님의 말씀에 충실한 그들의 설교에서 비롯되는 신성한 능력과 영적인 영향력을 위해서이다.

넷째, 예수님과 제자들의 말씀은 거룩한 예배 안에서의 말과 행동을 결정한다. 복음을 전하거나 듣는 것, 세례를 받거나 기독교 신앙을 가르치는 것, 죄를 고백하거나 용서하는 것, 예수님의 이름으로 하나님 아버지께 기도하는 것, 주님의 만찬을 거행하는 것은 예수님께서 이러한 일들을 하라고 말씀하셨기 때문이다. 또한, 교회에서 일어나는 모든 사역은 하나님의 말씀으로 이루어지며, 하나님의 말씀은 모든 사역 가운데 역사하시기 때문이다. 말씀은 모든 사역에 성령의 능력을 불어넣어 주신다.

다섯째, 그리스도인의 경건한 가정생활은 하나님의 말씀에 의해 형성된다. 하나님의 말씀인 성경을 읽고, 영적인 풍성함을 위해 성경을 묵상하며, 기도를 통해 말씀의 인도하심을 받는 것이 신앙생활의 핵심이다. 그렇게 함으로써 모든 제자와 모든 가정의 삶이 하나님의 말씀과 기도로 거룩해진다(딤전 4:5). 하나님의 말씀에 헌신된 그리스도인은 성부와 성자 하나님께서 함께 하신다(요 14:23).

하나님의 말씀

이 모든 것은 바울이 로마교회에 보낸 편지의 결론에 가장 잘 요약되어 있다.

> "나의 복음과 예수 그리스도를 전파함은 영세 전부터 감추어졌다가 이제는 나타내신 바 되었으며 영원하신 하나님의 명을 따라 선지자들의 글로 말미암아 모든 민족이 믿어 순종하게 하시려고 알게 하신 바 그 신비의 계시를 따라 된 것이니 이 복음으로 너희를 능히 견고하게 하실 지혜로우신 하나님께 예수 그리스도로 말미암아 영광이 세세무궁하도록 있을지어다 아멘"(롬 16:25-27).

XIV

놀라운 하나님의 말씀

"다 놀라 서로 말하여 이르되 이 어떠한 말씀인고"

누가복음 4:36

결론은 우리가 시작했던 곳에 있다. 우리 앞에 펼쳐진 큰 식탁에는 누구도 단번에 다 먹어 치울 수 없고 평생을 먹어도 다 먹을 수 없는 엄청난 양의 음식과 접시들이 놓여있다. 어떤 처지와 형편에 놓인 인생이든 상관없이 누구든지 먹을 수 있는 뷔페식 식사가 준비되어 있다. 그 중 일부는 나에게도 매력적일 수 있다. 하지만 다른 일부는 내 입맛에 맞지 않을 수도 있다. 심지어 안타깝게도 많은 부분이 내 마음에 들지 않을 수도 있다. 그렇다면 어디에서부터 시작해야 할까?

만일 '하나님의 사랑'에 대한 가르침처럼 내 마음에 드는 것부터 시작하면, 영적으로 눈먼 나의 상태만 확인하고 불신을 굳힐 뿐 풍성함으로 이끄는 변화를 경험하지 못할 수도 있다. 오히려 죄에 대한 '하나님의 진노'처럼 나를 불쾌하게 하고 반발하게 하는 것부터 시작하는 것이 더 나을 수도 있다. 왜냐하면 그것이 나의 약점을 드러내고, 영감을 얻고 성장하는데 방해가 되는 장애물들을 드러낼 것이기 때문이다. 그럼에도 불구하고, 나는 누구에게도 거기서부터 시작하라고 말하지 않을 것이다. 이것이 영적인 성숙함을 추구하는 나의 조언이다. 그렇다면 나는 어디서부터 시작해야 할까? 우리는 어디에서부터 시작해야 할까? 우리는 어디에 서든지 시작해야만 한다. 왜냐하면 우리가 영적으로 생존하고 번성하기 위해서는 적절한 영적 영양분이 필요하며, 반드시 섭취해야만 하기 때문이다.

　성경은 우리에게 한두 가지 코스만 제공하는 단행본이 아니다. 성경은 다양한 시대, 다양한 장소에서 다양한 사람들을 위해 다양한 저자들이 다양한 장르로 쓴 66권의 책으로 구성된 도서관이나 마찬가지다. 대충 봐서는 하나의 줄거리와 하나의 목적을 가진 하나의 이야기narrative를 찾을 수 없다. 성경을 읽는 대부분의 사람들은 전체를 이해하기 어렵다. 그래서 사람들은 중에는 자신에게 맞는 것을 골라 선택하기도 한다. 그러나 교회는 성경 전체가 우리를 포함한 모든 사람을 위한 하나님의 말씀이라고 주장한다. 성경을 하나님의 말씀으로 듣고 그 안에서 하나님께서 주시는 것들을 받아들인 하나님의 백성들에게 성경의 풍부한 내용들은 놀라운 일관성과 신비로운 통일성을 가지고 있다. 하지만 그 모든 것을 한꺼번에 다 받아들일 수는 없다.

그렇다면 어디서부터 어떻게 시작해야 할까? 그 해답은 사도신경 Apostles Creed과 니케아신조 Nicene Creed에서 예수님을 하나님의 아들로 믿는 신앙고백을 통해 오랜 세월 동안 교회가 검증한 성경 그 자체에서 찾을 수 있다. 부활하신 예수님과 그분의 말씀으로 시작해야 한다. 부활하신 후, 제자들에게 그랬던 것처럼 우리에게 성경을 열어 주실 수 있는 분은 오직 예수님뿐이기 때문이다(눅 24:44-47). 우리는 또한 스승이신 예수님의 말씀을 주의 깊게 듣고 겸손히 그분과 함께 살아가면서 배우는 제자이자 학생의 자세로 말씀에 접근해야 한다. 마리아처럼 우리도 그분의 발 앞에 앉아 우리를 위한 그분의 말씀을 들어야 한다(눅 10:39). 물론 우리는 예수님과 그분을 믿는 믿음과는 별개로 지적인 차원에서 성경을 어느 정도 이해할 수 있다. 그러나 우리는 오직 예수님과 예수님의 말씀에 대한 믿음을 통해서만 성경이 우리에게 주는 유익과 우리를 위해서 하는 일들을 받아들일 수 있다. 그러나 그것은 우리의 시작점이 아니라 머물러야 할 곳이다. 왜냐하면 우리가 예수님의 말씀 안에 머물러야만 그분의 제자로 남을 수 있기 때문이다(요 8:31).

하나님의 말씀

누가복음 4장 16-36절에서 누가가 두 가지 이야기를 나란히 배치한 것을 보면 어떻게 이런 일이 일어났는지 알 수 있다. 누가는 두 안식일 동안 두 회당에서 일어난 일, 곧 예수님의 고향인 나사렛 회당과 가버나움 회당에서 예수님이 하신 말씀의 영향력이 어떻게 다르게 나타났는지 자세히 이야기하고 있다. 이 두 이야기의 배경은 신학적으로나 목회적으로 중요한 의미를 가지고 있다. 두 곳 모두에서 예수님은 거룩한 시간과 장소에서 거룩한 예배를 통해 하나님의 거룩한 말씀을 사람들에게 가르치셨다. 그러나 그분의 가르침은 완전히 다른 반응을 가져온다. 두 경우 모두 그분의 말씀을 들은 사람들은 놀라움을 금치 못한다. 하지만 첫 번째 경우에는 그분과 그분의 권위에 대한 배척으로 이어지지만, 두 번째 경우에는 그분과 그분의 권위를 받아들이는 결과를 낳았다.

나사렛에서 예수님은 메시야가 자신과 자신이 받은 거룩한 사명에 대해 말하는 이사야 61장 1-2절의 예언을 읽으셨다. 그리고 회당에 모인 사람들이 예수님의 말씀을 듣고 있을 때, 이 예언이 성취되었음을 선포하셨다. 그들은 예수님의 은혜로운 말씀을 들었지만, 그것을 좋은 소식, 곧 그들에게 주시는 하나님의 은혜의 말씀으로 받아들이지 않았다. 그들은 예수님의 말씀에 놀랐지만, 그분의 말씀을 제대로 알아

듣지 못했다. 그래서 그들은 예수님의 말씀에 대한 올바른 질문이 아니라 예수님에 대한 잘못된 질문을 했다. 그들의 질문은 "이 사람이 요셉의 아들이 아니냐?"였다. 이것은 이미 답이 정해져 있는 질문이었기 때문에 실제로는 전혀 질문이 아니었다. 그들은 예수님을 그들 중에 한 사람과 다를 바 없다고 생각했기 때문에 자신들이 예수님을 안다고 착각했다. 따라서 그들은 예수님의 말씀이 요셉의 아들에 지나지 않는 한 사람의 지극히 인간적인 말에 지나지 않는다고 생각했고, 그래서 예수님의 권위를 인정하지 않았다. 그들은 예수님의 권위와 함께 예수님의 말씀도 무시했다. 예수님은 그들의 질문이 자신을 무시하는 태도에서 비롯된 것임을 아시고 편견에 사로잡힌 비판자들을 신랄하게 비판하셨다. 사렙다(사르밧) 과부나 나병환자였던 나아만과는 달리 그들은 예수님을 메시야로 받아들이지 않았기 때문에, 예수님께서는 그들이 하나님으로부터 양식을 얻지 못할 것이며, 정결함을 받지도 못할 것이라고 말씀하셨다. 이에 격분한 사람들은 예수님을 마을에서 쫓아내고 죽이려 하였다.

나사렛에서와 마찬가지로 예수님은 가버나움에서도 사람들에게 하나님의 말씀을 가르치셨다. 누가는 당시 상황을 이렇게 기록했다.

하나님의 말씀

"예수께서 갈릴리의 가버나움 동네로 내려가셔서, 안식
일에 사람들을 가르치셨다. 그런데 사람들은 그의 가르
침에 놀랐으니, 그의 말씀이 권위가 있었기 때문이다. 그
때에 그 회당에 악한 귀신의 영이 들린 사람이 하나 있
었는데, 그가 큰 소리로 이렇게 외쳤다. '아, 나사렛 예
수님, 왜 우리를 간섭하십니까? 우리를 없애려고 오셨
습니까? 나는 당신이 누구인지 압니다. 하나님께서 보
내신 거룩한 분입니다.' 예수께서 그를 꾸짖어 말씀하셨
다. '입을 닥치고, 그 사람에게서 나가라!' 그러자 귀신
이 그를 사람들 한가운데다가 쓰러뜨려 놓고 그에게서
떠나갔는데, 그에게 상처는 입히지 않았다. 사람들이 모
두 놀라서 서로 말하였다. '이 말이 대체 무엇이냐? 그
가 권위와 능력을 가지고 악한 귀신들에게 명하니, 그들
이 떠나가는구나.'"(눅 4:31-36 새번역성경)

가버나움 사람들은 예수님의 가르침에 귀를 기울이고, 예
수님의 권위를 받아들였다. 그들은 예수님의 말씀과 행동에
놀라워하며, 제대로 된 질문을 던졌다. "이 말이 대체 무엇
이냐?" 그리고 그 질문은 예수님의 권위와 예수님의 말씀의
능력에 대한 제대로 된 토론의 장을 열었다. 이 질문은 지금
나에게도 해보고 싶은 질문이다.

이 말은 도대체 무엇일까? 분명한 것은 나사렛 예수의 말씀이라는 것이다. 마리아의 태에서 잉태되어 아리마대 요셉이 마련한 무덤에 묻힐 때까지 이 땅에서 한 인간으로서 살았던 한 남자의 말이다. 그러나 그분은 결코 평범한 사람이 아니었다. 요셉은 그분의 친아버지가 아니었고 나사렛은 그분의 진정한 고향이 아니었다. 그분은 평범한 사람이 아니라 그 이상의 사람이었다. 이 사실은 그분이 자기 자신과 하나님에 대해 말한 것에서도 분명하게 드러난다. 그분이 한 모든 말과 행동은 그분의 진짜 정체성을 드러냈다.

그렇다면 이 사람, 예수의 말은 무엇일까? 가버나움 사람들은 그분이 누구인지 몰랐지만, 한 사람 안에 있던 더러운 귀신의 영은 그분의 인간으로서의 겉모습에 현혹되지 않았기 때문에 그분의 영적인 신분을 바로 알아차릴 수 있었다. 그 귀신이 자기가 누구를 만났는지 알고 있었다. 누가복음 후반부(눅 4:41, 8:28)에 나오는 다른 귀신들처럼 그도 예수님이 누구인지 알고 있었다. 그래서 그 귀신은 "아, 나사렛 예수님, 왜 우리를 간섭하십니까? 우리를 없애려고 오셨습니까? 나는 당신이 누구인지 압니다. 하나님께서 보내신 거룩한 분입니다."라고 말했다. 하나님 아버지께서는 예수님이 세례를 받으실 때, 성령으로 기름을 부으셨다(눅 3:21-22, 행 10:36). 그분은 메시야, 그리스도, 하나님의 기름부

하나님의 말씀

음을 받은 제사장이자 왕이셨다. 또한 예수님은 하나님의 아들이었기 때문에 아버지의 거룩함을 함께 소유하고 계셨다. 예수님께서 하나님이 보내신 거룩한 분이셨기 때문에 예수님의 말씀도 거룩했다. 예수님의 말씀이 곧, 거룩하신 하나님 아버지의 거룩한 말씀이었다. 예수님의 거룩한 말씀이 회당의 귀신들린 사람에게서 더러운 영의 부정함을 드러내고 쫓아냈다. 예수님의 말씀이 곧, 하나님이 보내신 거룩한 분의 말씀이었다.

그렇다면 하나님이 보내신 거룩한 분인 예수님의 말씀은 무엇일까? 그것은 신적 권위를 가진 말씀, 즉 하나님의 권위를 가지고 선포된 인간 예수의 말씀이다. 회당에 모인 사람들이 놀란 것은 바로 이 때문이다. 그들은 예수님의 가르침의 언변에 놀란 것이 아니라 그 권위에 놀란 것이다. 그들은 "그 말씀에 권위가 있다"(눅 4:32)는 것을 깨달았다. 예수님은 하나님이 말씀하신 것을 전달하는 선지자로서 그들을 대하지 않으셨다. 구약에 기록된 내용을 가르치는 율법 교사로서 그들을 대하지도 않으셨다. 그분은 신적인 음성으로 말씀하셨다. 예수님은 자신이 하나님인 것처럼 말하지 않으셨지만, 하나님의 아들로서 말씀하셨다. 그분은 "내가 너희에게 말한다"라고 말씀하시며, 그들에게 직접 하나님의 말씀을 전했다. 그래서 가버나움 사람들은 예수님께서 신적인 권위를 가지고 하나님의 말씀을 전하셨고, 그들은 제자로서 그 말씀을 들어야 한다는 것을 깨달았다.

예수님이 하나님이 보내신 거룩한 분으로서 권위를 가지고 말씀하신 것은 무엇이었을까? 그것은 신성한 능력의 말씀, 곧 성령의 능력이었다. 그러므로 그 말씀에는 초자연적인 힘, 즉 귀신을 침묵시키고 귀신 들린 사람에게서 쫓아내는 힘, 귀신의 능력을 무력화시키고 멸망시키는 힘이 있었다. 그래서 예수님은 그들과 힘싸움을 벌이지 않으시고, 아랫사람에게 하듯이 두 가지 명령만 내리셨다. "입을 닥치고 그 사람에게서 나가라!" 예수님은 광견병에 걸린 개에게 명령하듯 그 영을 향해서 "입마개를 씌워라!"고 말씀하셨다. 예수님께서 명령하신 대로 이 말씀은 귀신을 침묵시키고 그 사람에게서 쫓아냈다. 회당에 있던 사람들은 그분의 말씀의 권위와 능력에 너무 놀라서 서로에게, 그리고 오늘날 우리에게도 묻는다. "이 말이 대체 무엇이냐? 그가 권위와 능력을 가지고 악한 귀신들에게 명하니, 그들이 떠나가는구나."(눅 4:36)

예수님께서 신적인 권위와 능력으로 그들과 우리에게 말씀하시는 것은 무엇일까? 듣는 사람들을 놀라게 하는 말씀이다(눅 4:32). 그 말씀은 말과 행동이 비범한 것, 정상적인 인간의 경험을 넘어서는 것, 삶에 대한 우리의 일반적인 이

하나님의 말씀

해를 혼란스럽게 하는 것, 어떤 의미에서는 이 세상 밖의 것, 곧 귀신에게 사로잡힌 사람을 구출하는 것(눅 4:36, 9:43), 중풍병에 걸린 사람을 치유하는 것(눅 5:25), 풍랑이 거센 호수를 잠잠하게 하신 것(눅 8:25), 죽은 소녀를 소생시키신 것(눅 8:56), 말 못하는 사람을 고치신 것(눅 11:14), 부활하신 그리스도께서 그날 저녁에 제자들에게 자신을 보여주기 위해 육체로 나타나신 것(눅 24:36-43)과 같은 것들이다. 이 경이로운 사건들의 놀라운 점은 예수님께서 말씀으로 이 일들을 행하셨다는 것이다. 예수님의 말씀은 그 말씀을 듣고 예수님을 믿는 사람들에게 경외감과 경이로움을 불러일으킨다. 그분의 권위와 능력은 우리의 고집스러운 불신을 무장해제시키고, 놀라운 변화를 불러일으켜서 구원을 위해 전적으로 그분을 의지하며, 그분에게 모든 것을 배우는 제자가 되게 한다.

그러나 예수님의 말씀이 우리를 놀라게 하지 못하는 경우가 너무 많다. 우리는 그 말씀이 너무 낯설고 비범해서 믿지 않거나, 너무 익숙하고 평범해서 지루해 하기 때문이다. 나 역시 그 말씀들로 인하여 너무나도 자주 놀라고 몇 번이고 경탄을 금치 못했지만, 그럼에도 불구하고 나도 때로는 말씀들을 피하고 지루해 했음을 인정할 수 밖에 없다. 그러나 말씀은 계속해서 나를 사로잡았고, 말씀이 나에게 말하는 것과 주는 것을 통하여 다시 한번 나를 놀라게 했다. 사실, 나의 가장 큰 기쁨과 즐거움은 내가 복음의 사역자이자, 성경을 가르치는 교사로 부르심을 받았다는 것이다. 그것은 나의 모든 예상을 뒤집고 나의 소명에 대한 놀라움에서 더 큰 놀라움으로 나를 이끌었으며, 그분의 무한한 말씀에서 전혀 예상하지 못한 것을 찾도록 가르쳐 주신 예수님과의 예상치 못한 여정으로 나를 이끌었다.

그러나 나는 또한 내가 알고 가르쳤던 많은 사람이 하나님의 놀라운 말씀을 대놓고 거절하는 모습에 한없이 슬펐다. 하나님의 말씀을 배척하는 그들의 행위는 예수님과 그분의 능력을 믿지 않는 것처럼 보인다. 예수님의 말씀은 생각보다 자주 믿음보다는 불신을 낳는 것처럼 보였다. 그들은 예수님께서 생명의 떡이 되시고, 영생을 얻는 양식이자 음료인 살과 피를 선물로 주셨다는 말씀을 받아들이지 못하고, 예수님의 이 어려운 말씀을 거부하고 등을 돌려서 더이상 따르지 않았던 많은 제자들과 같다(요 6:60, 66). 그럼에도 불구하고 예수님은 여전히 그들과 나를 부르시며, 예수님께로 돌아오라고 간절히 말씀하신다. 예수님은 여전히 "[누구든지] 내게 오는 자는 내가 결코 내쫓지 아니하리라"(요 6:37)고 말씀하신다.

하나님의 말씀

내가 떠나버린 사람들에게 실망하고 있을 때, 예수님은 베드로와 다른 사도들에게 하신 것과 같은 놀라운 질문은 나에게도 던지셨다. "너희도 가려느냐?" 나는 베드로를 비롯한 모든 교회와 함께 그 질문에 대한 베드로의 대답에 동참했다.

> "주님, 우리가 누구에게로 가겠습니까? 선생님께는 영생의 말씀이 있습니다. 우리는, 선생님이 하나님의 거룩한 분이심을 믿고, 또 알았습니다."(요 6:68-69 새번역성경)

우리 주 예수 그리스도의 이름으로
기도합니다.

아멘.

미주

1. 오리겐, *Commentary on the Gospel of John* 1.10.
2. 마르틴 루터, "A Brief Instruction on What to Look For and Expect *in the Gospels*," in Church Postil, LW 35:121; see also LW 75:10.

성구 색인

하나님의 말씀

옮긴이 **김용균**은 복음으로 청년들의 가슴에 감동과 영감을 불어 넣는 말씀 사역자로, "기본으로 돌아가라!", "다시 한 번 해보자!"를 수없이 외치며 신앙의 기초를 세우기 위해 제자훈련을 거듭했던 영적 코칭의 전문가이다. 지금도 길을 잃은 영혼들의 디딤돌이 되고자 상담가의 길을 걸으며, 더욱 전문적인 현장 목회자로서의 길을 걷고 있다.

한양대학교 경영학과 B.A
장로회신학대학교 신대원 M.Div
숭실대학교 기독교 상담 Th.M

 기획자 **이상영**은 현재, 학원을 운영하며 20년째 학생들을 가르치고 있다. 여타 학원들처럼 입시 성공만을 목적으로 두지 않으려고 애쓰고 있다. 꿈도 없이 학교와 학원만 오가며 맹목적으로 살아가는 청소년들에게, 소소한 꿈 이야기를 들려주고자 노력 중이다. 아울러, 기독교 출판을 기획하면서 본 『크리스천 에센셜』 시리즈가 흐릿한 세상에 작지만 따스한 빛이 되어주길 간절히 기도한다.

중앙대학교 일반대학원 M.A.
솔라피데출판사 기획팀
와이즈(WHY's)학원 원장/청소년상담사

시리즈 5 하나님의 말씀

어떻게 하면 성경을 제대로 읽을 수 있는가?
성부, 성자, 성령께서 성도들에게 한목소리로 들려주시는 말씀,
곧 성경이 "신앙의 중심축"이라는 것을 분명하게 보여준다!

"모든 그리스도인에게 성경을 총체적으로 이해하도록 돕는 훌륭한 입문서!"
레이첼 조이 웰처 『순결 문화를 다시 말하다』의 저자

"예수님께서 말씀으로 베푸시는 풍성한 잔치에 우리를 초대하는 유쾌한 초대장!"
타일러 윗트만 뉴올리언스침례신학교

존 클레이닉 지음 / 김용균 옮김 / 46판 / 양장본 / 12,000원

시리즈 4 세 례

세례에 대한 신선하고 정교한 연구를 통해서 예수 그리스도 안에서 연합
되고, 성령 안에서 교회에 부어지는 기름부음의 역사를 이루어지게 한다!

"예수님의 가족이 된, 하나님의 백성을 위한 세례에 대한 지혜의 책!"
티모시 조지 샘퍼드대학교/비슨신학대학원

"오랫동안 논쟁의 여지가 있었던 주제에 대해 깊고 유익한 생각을 기록한 책!"
마이클 헤이킨 남침례신학교

피터 레이하트 지음 / 김용균 옮김 / 46판 / 양장본 / 12,000원

시리즈 3 십계명

십계명은 우리에게 너무나 친숙하여 그 내용이 실제로 무엇을 의미하는지
생각하지 않는다. 그것들은 수천년 동안 역사적으로 크리스천들에
의해서 예배, 고백, 기도, 심지어는 민법의 기초로 사용되었다!

"보석 같은 책으로 십계명에 대한 최고의 입문서!"
케빈 벤후저 트리니티신학교

"예수님을 십계명의 마음과 영혼으로 바라보는 치료법!"
한스 보어스마 나쇼타하우스신학교

피터 레이하트 지음 / 김용균 옮김 / 46판 / 양장본 / 12,000원

시리즈 2 주기도문

예수님의 마음을 담은 한 폭의 자화상인 "주기도문"은 2천년 동안, 시대,
지역, 문화를 초월하여, 크리스천들을 영원한 진리로 하나되게 한다!

"독자의 삶을 헤아릴 수 없을 정도로 풍요롭게 할 책!"
플레밍 러틀리지 설교자의 교사

"예수님의 기도자로서의 삶을 배우는 책!"
매튜 레버링 먼델라인신학교

웨슬리 힐 지음 / 김용균 옮김 / 46판 / 양장본 / 12,000원

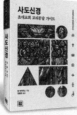

시리즈 1 사도신경

성경교리의 축소판인 "사도신경"은 2천년 동안, 시대, 지역,
문화를 초월하여, 성도들을 영원한 진리로 연합하게 한다!

"시간을 뛰어넘어 지속적인 통찰을 주는 고전에 담긴 놀라운 지혜의 책!"
제임스 스미스 칼빈신학교

"삼위일체 하나님과 구원에 대한 핵심진리를 담은 공동체적인 고백의 책!"
그레그 앨리슨 남침례신학교

벤 마이어스 지음 / 김용균 옮김 / 46판 / 양장본 / 12,000원

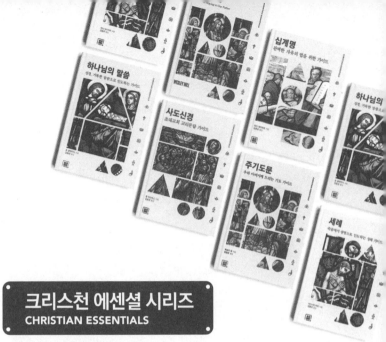

크리스천 에센셜 시리즈
CHRISTIAN ESSENTIALS

『크리스천 에센셜』 시리즈는
기독교의 중요한 전통을 전달하고자 한다.
초대교회는 사도신경, 주기도문, 십계명, 세례,
하나님의 말씀, 성찬, 그리고 공예배와 같은 기본적인
성경적 가르침과 실천을 바탕으로 세워졌다.
이러한 기독교의 기초 전통들은 사도시대부터
현 시대에 이르기까지 바른 신앙의 모든 세대를
아우르며, 지탱하고, 든든히 세워 왔다.
『크리스천 에센셜』 시리즈에서 계속 선보이는 책들은
우리 "신앙의 본질"에 대한 의미를 풍성히 묵상하게 한다.